AF232824

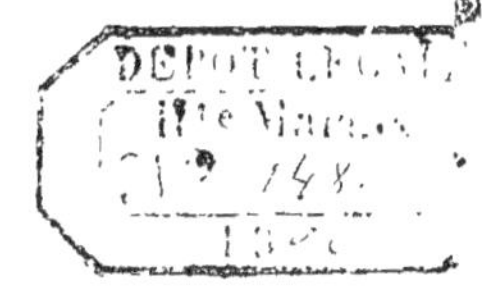

DROIT ROMAIN

DES

SURETÉS PERSONNELLES

A ROME

DROIT FRANÇAIS

LE

DROIT D'ASSOCIATION

ET L'ÉTAT

THÈSE POUR LE DOCTORAT

PAR

Hubert BRICE

ATTACHÉ AU MINISTÈRE DES FINANCES

PARIS

LIBRAIRIE NOUVELLE DE DROIT & DE JURISPRUDENCE

ARTHUR ROUSSEAU, ÉDITEUR

14, RUE SOUFFLOT ET RUE TOULLIER, 13

1892

THÈSE

POUR LE DOCTORAT

FACULTÉ DE DROIT DE PARIS

DROIT ROMAIN

DES
SURETÉS PERSONNELLES

A ROME

DROIT FRANÇAIS

LE
DROIT D'ASSOCIATION
ET L'ÉTAT

THÈSE POUR LE DOCTORAT

L'ACTE PUBLIC SUR LES MATIÈRES CI-APRÈS
Sera soutenu le vendredi 23 décembre 1892, à midi 1/2.

PAR

Hubert BRICE
ATTACHÉ AU MINISTÈRE DES FINANCES

Président : M. ALGLAVE.

Suffragants : { MM. GARSONNET, LÉON MICHEL, } *professeurs.*
{ SAUZET, *agrégé.*

PARIS

LIBRAIRIE NOUVELLE DE DROIT ET DE JURISPRUDENCE
Arthur ROUSSEAU, Éditeur
14, RUE SOUFFLOT ET RUE TOULLIER, 13

1892

DROIT ROMAIN

DES

SÛRETÉS PERSONNELLES A ROME

INTRODUCTION

Le législateur n'aurait accompli qu'une partie de sa tâche, et la moins importante, s'il s'était borné à dire comment se forment les obligations. L'obligation étant en effet contractée, non pour elle-même, mais en vue de son exécution, on a dû, à toutes les époques, entourer ce dénouement naturel de l'obligation de garanties qui en rendissent la formation utile.

Parmi les différentes espèces de sûretés, se place en première ligne la garantie accessoire résultant du cautionnement. Cette seconde obligation, qui vient s'adjoindre à l'obligation principale, est même d'un usage tout aussi répandu pour faciliter la création de l'obligation que pour en assurer l'exécution. Le créancier éventuel, qui n'aurait parfois pas contracté sous la seule garantie de la partie qui désire s'obliger, n'aura plus rien à objecter si cette partie vient renforcer son engagement d'une garantie sérieuse.

Mais cette garantie personnelle présente de nos jours une complexité trop grande ; elle nécessite entre les personnes qui y prennent part trop de rapports divers, trop de contrats et de quasi-contrats, pour avoir pu être nettement comprise, et formulée dès l'abord aussi juridiquement qu'elle l'est de nos jours.

A la simplicité des formes primitives, le progrès, résultant des nécessités croissantes des civilisations, a dû apporter des complications au cours desquelles se sont altérés profondément, avec la forme du début, les principes dont procédait cette forme.

Nous avons jugé intéressant d'entreprendre l'étude de ces transformations, et de suivre jusqu'à son dernier développement dans la législation romaine cette institution d'abord incertaine, sollicitée de côtés divers par les lois et par la pratique, aboutissant enfin à la belle unité du dernier état du Droit, et fournissant à notre propre législation le modèle qu'elle n'a plus eu qu'à suivre.

Cette revue historique nous permettra également d'apprécier, d'après ce point particulier, la marche générale de la législation à Rome.

Après avoir établi l'importance générale du sujet et la faveur toute romaine dont jouissaient les sûretés personnelles, nous aborderons l'étude de leurs formes successives depuis la *sponsio* primitive jusqu'au bénéfice de discussion ; mais notre but est moins d'entreprendre sur ces institutions diverses une étude approfondie que de démêler les causes, les unes générales, les autres spéciales à la législation romaine, qui amenèrent les transformations successives, et les modes qu'affectèrent ces transformations.

CHAPITRE PREMIER

SECTION I. — NATURE DES SURETÉS PERSONNELLES.

Eprouve-t-on des doutes sur la solvabilité d'une personne avec laquelle on allait contracter? On se refusera tout d'abord à conclure affaire avec elle. Mais si l'obligé éventuel vient apporter, à côté de sa propre obligation, la garantie d'une tierce personne dont la solvabilité est certaine, ou même d'une chose dont la valeur suffise pour répondre de son insolvabilité possible, on n'hésitera plus, en faveur des sûretés qu'il offre, à traiter avec lui.

Que le futur débiteur crée sur sa chose un droit réel; qu'un étranger, sans vouloir s'obliger personnellement, vienne engager son bien à l'exécution de l'obligation; qu'allant plus loin, cet étranger garantisse personnellement cette obligation bien qu'elle lui soit étrangère; enfin qu'un ou plusieurs de ses amis viennent s'engager solidairement avec lui; il s'adjoint, dans tous ces cas différents, à l'obligation du débiteur originaire, d'autres obligations qui la renforcent, et qu'on a appelées pour cette raison des sûretés.

Nous comprenons dans cette définition l'obligation solidaire qui offre avec la sûreté personnelle résultant du cautionnement certains points d'assimilation que nous examinerons plus loin.

Toutes ces sûretés sont, ou personnelles comme celles qui résultent de l'*adpromissio,* ou réelles comme celles qu'engendre l'hypothèque.

Quelles sont les sûretés préférables ? Il faut répondre en principe que ce sont celles qui reposent sur une solvabilité certaine et impérissable. Or, qu'y a-t-il de moins certain que la solvabilité d'un homme qui peut disposer de tous ses biens, faire de mauvaises affaires, et dont, dans tous les cas, la solvabilité actuelle ne garantit pas la solvabilité future ? Tout au contraire, la sûreté résultant d'une chose matérielle présente une consistance autrement forte : la garantie qui en résulte ne peut périr qu'avec la chose elle-même, et s'il arrive que sa valeur diminue, il est du moins certain que le créancier ne perdra pas tout.

Quelles sont cependant les sûretés qui furent préférées ? Nous allons essayer d'établir que ce furent les sûretés personnelles.

SECTION II. — PRÉFÉRENCE DES ROMAINS POUR LES
SÛRETÉS PERSONNELLES.

L'importance des sûretés personnelles à Rome est d'abord attestée tant par leur fréquence que par l'estime particulière qu'avaient pour elles les Romains, et qui résulte d'un grand nombre de textes.

La préférence dont elles étaient l'objet, démentie seulement par deux textes, demande, en raison de leur extrême netteté, à être établie avec certitude. Nous essayerons ensuite de justifier notre assertion par des raisons spéciales à la nature romaine des sûretés réelles.

Le premier texte est de Pomponius. Inséré au Digeste (lib. L, tit. XVII, 1. 25) il exprime en une formule simple une proposition qui semble un axiome de tous les temps : *plus est cautionis in re quam in personâ.*

Il est tout d'abord évident que Pomponius ne parle ici que d'une sûreté réelle bien suffisante et bien certaine, ce qui n'était pas, loin de là, toujours la réalité à cause des incertitudes de l'hypothèque romaine.

Aussi, envisageons-nous cet axiome comme l'expression d'une vérité absolue ne tenant aucun compte des imperfections de telle législation particulière. D'une façon générale il déclare qu'une sûreté établie sur une chose est plus stable que celle qui repose sur une personne. A ce point de vue donc, l'axiome est vrai.

Une caution, aujourd'hui solvable, le sera-t-elle encore demain ? Une chose, au contraire, ne conservera-t-elle pas demain une partie tout au moins de sa valeur d'aujourd'hui ? Et comme la sûreté dépasse en général en valeur la créance garantie, il restera, dans la plupart des cas, une valeur suffisante au créancier pour le paiement intégral.

Une hypothèque, par exemple, permettra au créancier d'exercer l'action servienne ou l'action quasi servienne qui le mettra en possession de la chose, et il pourra, sans discuter son débiteur, la faire vendre et se payer sur son prix. La réalisation d'une sûreté réelle présentait, il est vrai, un grand nombre de difficultés de procédure que nous examinerons.

Mais il faut, pour que l'hypothèque soit préférée, que la garantie qui en résulte soit certaine. Or, même lorsque l'hypothèque, organisée comme elle l'était au temps de

Pomponius, eût remplacé l'aliénation fiduciaire, pouvait-on considérer comme absolument certaine la garantie qu'elle conférait?

Sans nous étendre sur ses imperfections, on sait que le régime hypothécaire romain était bien insuffisant, étant occulte. Il participait de l'incertitude à laquelle était soumis le droit même de propriété. En matière de propriété le *dominus* était incertain ; en matière d'hypothèque, c'était le rang utile.

C'est donc sans doute à un droit idéal, où la propriété comme l'hypothèque eussent été parfaitement réglementées, que fait allusion le texte de Pomponius. Il n'a dès lors aucune application au droit positif romain, et ne se réfère qu'à la législation de l'avenir.

D'ailleurs, sa place au Digeste est caractéristique. Relégué par Justinien au chapitre : *De diversis regulis juris antiqui*, il semble n'avoir pas été accepté par l'opinion courante, et n'avoir été gardé que comme une curiosité juridique.

Le texte d'Ulpien qu'il nous faut ensuite examiner (**D.** lib. XLIII, tit. XVII, l. 1) est une simple réflexion présentant un caractère de vérité générale, et, en conséquence, assez vague : *Quia melius est possidere quam in personam experiri*. Il s'explique donc par les mêmes commentaires, et éveille, comme le précédent, bien plutôt l'idée d'un adage de bon sens que celle d'une décision juridique.

D'ailleurs, la pratique constante des Romains est en sens contraire.

Dans un grand nombre de cas, l'Édit, parfois même le droit civil, obligent le débiteur à fournir une sûreté à son créancier, lorsque sa créance leur semble particulièrement favorable. Or cette sûreté est invariablement personnelle ; jamais ce ne fut une hypothèque.

On pourrait citer un grand nombre d'exemples parmi lesquels la *cautio rem pupilli salvam fore*, celle à laquelle est obligé l'adrogeant, la *cautio* intervenant en cas d'usufruit, de quasi usufruit, et bien d'autres encore.

Le commentaire de l'Édit perpétuel par M. Jousserandot nous offre un grand nombre de cas de *satisdationes* fournies par l'intervention du préteur. On pourrait citer aussi un certain nombre d'autres cas, dont treize ont été particulièrement analysés dans une savante étude de M. Louis Lucas, insérée dans la *Revue générale* de 1885. La fréquence des sûretés personnelles est d'ailleurs attestée dans les Institutes par le mot *solent*.

L'État romain exigeait, lui aussi, des sûretés personnelles de préférence à d'autres, quand il était titulaire d'une créance. Il réclamait même souvent des répondants pour fortifier des sûretés réelles.

Ce qui est remarquable dans les cas cités plus haut, c'est que la personne qui s'oblige ne pourrait, sans le consentement du créancier, lui faire accepter une sûreté réelle. Il faut que ce dernier consente expressément à *s'en contenter*.

Il y a au Digeste (lib. XLVI, tit. V, 1. 7) un texte d'Ulpien qui est fort instructif : *Praetoriæ satisdationes personas desiderant pro se intervenientium ; et neque pignoribus quis, neque pæcuniæ, vel auri vel argenti depositione in vicem satisdationis fungitur.* S'il était permis de se plaindre, on ne pourrait dire de ce texte qu'une chose, c'est qu'il prouve trop. Il s'explique cependant par ce motif qu'il y a parfois

une autre raison d'exiger une *satisdatio* que celle de solvabilité. La caution peut dans certains cas garantir tout autant
l'honorabilité que la solvabilité.

La sûreté personnelle à fournir était un moyen que pouvaient employer dans certains cas les Romains pour éloigner de certains offices ou de certains contrats des individus
fort riches, mais déconsidérés au point de ne pouvoir trouver personne pour accéder à leurs engagements. Pour qui
connaît la rude et étroite moralité des Romains de la première époque, cette considération ne fut peut-être pas étrangère à la vogue de notre institution.

On trouve encore dans le Traité de Caton *De re rusticâ*,
au chapitre 146, des conseils aux vendeurs de récoltes. Si
l'acheteur ne peut pas payer, le vendeur devra prendre,
en attendant la *satisdatio,* un droit de gage sur le matériel
que l'acheteur a apporté sur le fonds. La sûreté réelle est
considérée ici comme provisoire, comme un pis aller en
attendant l'autre. N'est-ce pas absolument probant, et un
tel conseil de la part d'un homme comme Caton ne justifie-
t-il pas, en même temps qu'il l'indique, la faveur générale
dont jouissaient à Rome les sûretés personnelles?

Un autre texte d'Ulpien, présenté comme une exception
à ce principe général, nous semble plutôt une preuve nouvelle de notre assertion. Ce texte du Digeste (lib. XXXVII,
tit. VI, l. 1, § 9) a trait à la *collatio bonorum,* c'est-à-dire
au rapport dû par l'enfant émancipé qui trouve en face de
lui des enfants restés sous puissance. Le préteur, dit le
texte, ordonne à l'enfant de *cavere*, et Pomponius dit que
cavere veut dire ici *satisdare*. Mais n'est-il pas possible
d'entendre ici cette expression dans le sens de sûreté réelle?

Pomponius voulait qu'on pût entendre le mot dans les deux sens, et c'est aussi l'avis d'Ulpien : il exprime cet avis par le mot *puto*.

Le débat a porté sur le terme *cavere* qui signifie donner une sûreté. Or, le préteur, en ne spécifiant pas la nature de la sûreté, a laissé à la jurisprudence le soin d'interpréter la clause. Mais malgré son désir de favoriser le contrat par une interprétation large, on voit qu'elle n'accorde qu'avec hésitation le droit d'imposer une sûreté réelle.

Si l'on objecte d'un texte des Institutes (lib. IV, tit. XI, § 4) qu'un défendeur peut, dans un cas spécial, fournir hypothèque sur ses biens, on répond que ce n'est plus ici du droit classique. Le choix entre une sûreté personnelle et une sûreté réelle, choix autorisé dans notre code par l'article 2041, n'a jamais été admis qu'exceptionnellement à Rome.

Nos citations précédentes sont d'ailleurs corroborées par un texte d'Ulpien (D. lib. XL, tit. V, 1. 4, § 8), et par une décision de Marc Aurèle (Inst. lib. III, tit. 10, § 8) qui obligeait l'esclave affranchi de *cavere idonee* sans indiquer à quel genre de sûreté il se référait. On voit donc que ce ne sont que des exceptions à une règle universellement adoptée.

SECTION III. — CAUSES DE CETTE PRÉFÉRENCE.

La préférence des Romains pour les sûretés personnelles étant établie, il nous faut l'expliquer. Tout d'abord, un élément nouveau vient rendre plus difficile son explication et sa justification : les Romains ne se décidaient à poursuivre l'*adpromissor* qu'avec les plus grandes difficultés.

Ce trait de mœurs ressort avec évidence d'un texte de Gaius (D. lib. XLVII, tit. X, 1. 19) : « *Si creditor meus paratus sum solvere, in injuriam meam fidejussores meos appellaverunt : injuriarum tenetur* ».

Des textes littéraires nombreux corroborent cette manière de voir. D'une lettre de Cicéron à Atticus (1. 15, liv. XVI) il ressort qu'il est inhumain de la part du créancier et malhonnête de la part du débiteur de poursuivre ou de laisser poursuivre un *adpromissor*. Et pourtant Cicéron montre assez dans cette lettre qu'il était disposé à employer tous les moyens de rigueur pour obtenir que sa créance lui fût remboursée.

Quintilien déclare (déclam. 273) qu'un créancier ne peut, *salvo pudore*, poursuivre un *adpromissor* quand il n'est pas avéré que le débiteur principal est insolvable.

On peut répondre à ces textes que si d'une part on voyait d'un mauvais œil un créancier poursuivre un *adpromissor*, il était également malhonnête que le débiteur principal laissât le créancier poursuivre l'*adpromissor*. Le cautionnement engendrait ainsi à Rome une obligation morale de payer à côté de l'obligation civile.

Nous avons dit un mot déjà de l'hypothèque qui, telle qu'elle fut organisée à l'époque classique, n'accordait pas au créancier une sûreté suffisante. Si l'hypothèque classique ne contribua pas au développement des sûretés réelles, pour une raison du même ordre, mais plus décisive encore, sa forme primitive, l'aliénation fiduciaire, ne contribua pas non plus à en établir l'usage.

Entre les deux parties qui concourent à toute obligation,

c'est en général celle qui stipule, le créancier, qui parvient à faire prévaloir ses vues. Cette situation défavorable fut encore aggravée à Rome par le grand nombre des débiteurs. Mais il ne faut pourtant pas que l'obligation du débiteur soit plus dure qu'il n'est nécessaire à la sécurité raisonnable du créancier, sinon il ne consentirait qu'à la dernière extrémité à s'obliger dans de telles conditions, et le créancier lui-même n'exigerait pas un luxe de garanties hors de proportion avec des exigences légitimes. Une loi établie dans ces conditions risquerait de n'avoir que de rares applications.

Or l'aliénation fiduciaire était une atteinte trop complète à la propriété du débiteur. Il perdait l'usage de sa chose dont la possession passait au créancier, et si l'on admet même l'honnêteté du créancier, le débiteur se trouvait tout au moins dépossédé momentanément. Qu'on suppose au contraire le créancier de mauvaise foi et insolvable, le débiteur devait subir, sans recours utile, toutes les dégradations, tous les abus de jouissance, et même l'aliénation.

Il pouvait, il est vrai, conserver la jouissance de sa chose à titre de précaire ou de bail, mais outre qu'en cas de précaire, le créancier pouvait toujours la reprendre, dans les deux cas le *reus* était exposé à la vente de sa chose par son créancier.

D'autre part, le *pignus* ne donnait que la possession : il se réduisait à un droit de rétention ; le droit de vente ne vint que plus tard. Or le droit de rétention ne lui permettait pas de réaliser sa créance. Il résultait que la chose ne pouvait servir ni au créancier ni au débiteur.

A côté de ce droit imparfait, la sûreté personnelle était

garantie surtout à l'origine de la manière la plus rigoureuse. Les *adpromissores* obligés comme les autres débiteurs, étaient exposés, en cas de poursuite suivie de condamnation, aux voies d'exécution les plus graves. Ces sanctions avaient du moins pour conséquence de donner aux créanciers une certaine confiance dans l'accession des personnes.

Ces avantages balançaient d'ailleurs les lenteurs et restrictions de toutes sortes apportées par la loi à la poursuite des *adpromissores*, sans compter l'effet déraisonnable de la *litis contestatio*.

Le caractère d'obligation morale, que nous n'avons fait qu'indiquer, est encore mis en lumière par Aulu-Gelle et Denys d'Halicarnasse. On trouve dans les *Antiquités romaines* et dans les *Nuits Attiques*, liv. V, ch. 13, cette idée que le cautionnement était souvent un devoir qui résultait des rapports de clientèle, et auquel patrons et clients étaient également astreints. Ce n'était pas une obligation légale, mais elle résultait assez fortement des mœurs pour être devenue générale.

Tite Live nous rapporte (liv. V, ch. 32) l'engagement pris par les clients de Camille de cautionner une dette dont ils réprouvaient pourtant expressément la cause.

Lorsque la clientèle disparut, et qu'à leur tour les voies d'exécution s'humanisèrent, un certain nombre des raisons qui légitimaient la préférence universelle des Romains pour les sûretés personnelles disparut également. Mais il resta toujours la raison tirée de l'incertitude de l'hypothèque.

A côté de cette cause déjà déterminante, il faut placer la force de l'habitude. Le cautionnement était très populaire à Rome. Les Romains, si souvent présentés comme durs et inhumains, cautionnaient avec la plus grande facilité.

Il y a un texte curieux d'Horace (*Satires*, lib. 2, sat. 6) où le poète compare les incommodités de la ville avec les douceurs des champs.

A Rome, dit-il, vous me tirez de chez moi pour aller servir de caution : allons, me dites-vous, un ami attend de vous ce bon office ; qu'il ne soit pas dit qu'un autre ait prévenu votre zèle.

> *Romæ sponsorem me rapis : Eia*
> *Ne prior officio quisquam respondeat, urge.*

Et plus loin :

> *Postmodo, quod mî obsit, clare certum que loculo...*

On trouve indiquées à la fois ici et la fréquence du cautionnement et ses désagréments possibles.

Cicéron à Atticus (XII-17), demande à son ami des renseignements sur un certain Cornificius auquel il avait, paraît-il, servi d'*adpromissor* vingt-cinq ans auparavant ; il prétend ne pas le connaître, mais ne saurait néanmoins affirmer qu'il ne l'a pas cautionné : on voit qu'on cautionnait alors plus légèrement qu'aujourd'hui.

Nous ne pouvons mieux terminer cette étude qu'en déduisant une nouvelle cause de préférence de l'idée exprimée par M. Jourdan (*L'hypothèque*, p. 4 et 5), que la sûreté réelle n'est qu'une garantie matérielle de paiement qui, donnée par un malhonnête homme, ne met pas à l'abri des contestations et des procès, tandis qu'une sûreté personnelle est une garantie d'honnêteté en même temps qu'une garantie de solvabilité, ainsi que nous l'avons précédemment indiquée.

CHAPITRE II

SECTION I. — CONFUSION PRIMITIVE ENTRE L'ADPROMISSIO ET LA CORRÉALITÉ.

Le cautionnement romain n'a pas, comme dans notre code, une théorie unique. Il a passé au contraire par des phases nombreuses avant d'arriver à l'état définitif où nous l'avons trouvé et recueilli.

C'est, en la forme, un contrat *verbis* consistant en une interrogation suivi d'une réponse conforme, et ne pouvant tout d'abord accéder qu'à une obligation *verbis*.

A l'époque classique, il présente une identité très accentuée qui ne permet pas de le confondre soit avec l'obligation principale, soit avec l'obligation corréale.

Ses différences, avec la corréalité notamment, sont nombreuses. Pour la forme, la demande, en cas de corréalité, doit précéder toutes les réponses qui sont faites ensuite soit ensemble, soit séparément. L'*adpromissio*, au contraire, fait toujours l'objet d'une interrogation et d'une réponse distinctes.

L'*adpromissor* étant un débiteur accessoire, peut, quand il a payé, recourir contre le débiteur principal. Ce recours n'a pas lieu en principe en matière de corréalité. Débiteurs au même titre légal, les obligés corréaux doivent, pour pouvoir exercer leur recours, faire la preuve des arrangements particuliers intervenus entre eux.

Enfin, d'après l'opinion générale, ils n'eurent jamais droit à aucun des bénéfices qui furent accordés plus tard aux fidéjusseurs.

Il n'y a qu'un contrat en matière de corréalité ; chaque *adpromissio* nouvelle fait au contraire l'objet d'un nouveau contrat. Cette différence résulte des formules également différentes dont nous avons parlé plus haut.

Au milieu de ces diversités nombreuses, un point commun rapproche ces deux contrats : c'est l'identité de la chose stipulée. Les formules toutes différentes qu'elles soient, indiquent nettement cette identité d'objet.

Mais avant l'apparition des formules, qui eurent, malgré l'étroitesse avec laquelle elles étaient conçues, l'avantage inappréciable de limiter nettement l'étendue de l'obligation, on put se demander si deux personnes qui avaient promis *idem* étaient débiteurs corréaux, ou bien si l'une des deux obligations n'était qu'accessoire.

Or, même après que le système des formules eût fait ressortir à l'évidence le caractère accessoire de *l'adpromissio*, le droit de poursuivre en première ligne *l'adpromissor* n'en subsista pas moins légalement, malgré les tempéraments apportés par les mœurs en faveur du débiteur.

Les différences qui survinrent et établirent la qualité d'obligé accessoire, eurent seulement pour résultat de poser des limitations rendues nécessaires, et d'établir légalement le droit de recours de *l'adpromissor* qui avait payé. Auparavant, il devait sans doute prouver, pour y pouvoir prétendre, qu'il n'avait pas fait sa propre affaire.

La forme étroite de l'obligation primitive s'opposait à la déclaration du caractère accessoire de la dette. Les motifs de l'obligation, sa cause même, n'apparaissaient pas. La cause était autant dans les paroles solennelles prononcées, que dans le consentement qu'exprimaient ces paroles, et le contrat accessoire, résultant des mêmes formes, était obligatoire au même titre que le contrat principal.

On peut donc affirmer qu'avant les formules, l'obligation accessoire et l'obligation corréale étaient confondues, et que l'obligé qui n'avait voulu qu'accéder à une créance principale était tenu de la même obligation que son auteur.

A cette époque la corréalité, dont le cautionnement n'était pas encore dégagé, était à un autre point de vue un progrès. Elle dut être établie dans l'intérêt du débiteur, pour concilier la sûreté du créancier avec l'humanité, et elle servit tout autant à empêcher des mesures de rigueur contre le débiteur qui avait contracté qu'à assurer le crédit de celui qui, réduit à ses propres forces, n'aurait pu s'obliger.

Comment l'idée de cautionnement parvint peu à peu, après des vicissitudes nombreuses, à se dégager complètement de la solidarité, c'est ce que nous essayerons de faire apparaître dans le cours de notre exposé historique. Le développement du cautionnement n'est que l'histoire de ces tentatives que le succès ne couronna complétement lorsque fut établi le bénéfice de discussion. A ce moment seulement on se trouve en présence d'une institution véritablement complète et autonome.

SECTION II. — ÉTABLISSEMENT DES FORMES SUCCESSIVES
DE L'ADPROMISSIO.

On ne connut tout d'abord que la *sponsio*, accessible seulement aux citoyens romains, ainsi que nous l'apprend Gaius (III-93). L'obligé accessoire interrogé répondait *spondeo*.

Lorsque Rome eut fait des conquêtes, les rapports nouveaux qui s'établirent et s'accrurent tous les jours entre citoyens et pérégrins rendirent nécessaire l'accession de ces derniers aux obligations réservées d'abord aux seuls citoyens romains. Les nécessités du commerce amenèrent l'établissement d'une forme plus large : on créa la *fidepromissio*.

Cette institution parut lorsque le droit devint accessible aux pérégrins. Gaius, qui nous donne la raison de cette forme nouvelle, ne nous apprend pas sa date (III, 119-120). Elle dut suivre à peu de distance la création du préteur pérégrin qui eut lieu vers l'an 500 de Rome.

Ces deux formes primitives étaient les mêmes au fond. Elles ne différaient que par la qualité des personnes auxquelles elles s'appliquaient, et présentaient l'une et l'autre des imperfections nombreuses.

D'abord, elles ne pouvaient accéder qu'à des obligations verbales comme elles. C'était un sérieux inconvénient, car la possibilité de nover une obligation quelconque en obligation *verbis* présentait parfois des difficultés pratiques : il fallait s'assurer tout d'abord le consentement du débiteur, et il était en outre indispensable de remettre les parties en présence pour leur permettre de contracter en cette forme.

Les autres caractères particuliers de ces deux formes résultent de lois qui établirent puis accentuèrent la séparation entre la corréalité et le cautionnement.

D'abord, Gaius nous apprend (III, 120) que l'obligation du *sponsor* ou du *fidepromissor* ne leur survivait pas. Bien qu'il ne nous indique pas une loi expresse, nous n'hésiterons pas à soutenir, malgré l'opinion généralement admise, qu'une dérogation aussi nette au principe de l'obligation personnelle n'a pu résulter que d'une loi.

Nous voyons, même dans cette disposition, le premier effort tenté pour séparer l'obligation accessoire de la corréalité.

A toutes les raisons tirées du silence de Gaius sur l'existence d'une loi, nous opposerons que la pratique fut toujours opposée à toutes les mesures légales par lesquelles on essaya à plusieurs reprises de dégager le caractère accessoire de l'*adpromissio*.

On ne saurait d'ailleurs s'expliquer autrement que par une loi cette dérogation aux principes, car cette intransmissibilité nuit à tout le monde, et ne profite qu'aux héritiers de l'*adpromissor*. Une loi dut donc intervenir qui fit prévaloir que, l'*adpromissio* constituant un bon office auquel on se refusait rarement, il n'était pas bon que l'héritier fût tenu d'un trop grand nombre d'obligations qu'il eût pu d'ailleurs ne pas connaître.

Le dédoublement s'accentua encore avec la loi Furia (Gaius, III, 121). Cette loi sur la date de laquelle on n'est pas d'accord, mais qui, par les voies d'exécution qu'elle édictait contre les personnes, est certainement antérieure à l'année 659 à laquelle on la place généralement, décida que l'obligation des *sponsores* et des *fidepromissores* s'éteindrait au bout de deux ans. Il faut décider, pour donner à cette loi un sens raisonnable, et malgré l'absence de dispositions à cet égard, que les deux ans partaient du jour de l'échéance de la dette.

Cette loi, plutôt politique, avait pour but d'arrêter les ruines dues à l'accumulation des dettes. Les fortunes très inégalement réparties avaient amené des désordres sans nombre, et on espéra, en obligeant les créanciers à poursuivre rapidement leurs débiteurs, empêcher ces derniers, sur qui retombaient en définitive toutes les rigueurs, de contracter légèrement des dettes nouvelles.

Mais cette loi manquait son but. Elle ne réussissait qu'à rendre les créanciers, qui ne voulaient pas voir leurs droits compromis, plus âpres et plus impatients que par le passé envers les *adpromissores*.

La même loi établissait une division de plein droit entre les *adpromissores* vivants, sans s'inquiéter de ceux qui pouvaient être insolvables. La dette étant divisée à l'échéance, on édictait une peine contre le créancier qui réclamait la totalité.

Telles sont les deux différences bien tranchées que fit la loi *Furia* entre la corréalité et l'*adpromissio*.

La loi *Apuleia* (Gaius, III, 122) probablement plus ancienne que la précédente, bien qu'on la place généralement à l'an 652 de Rome, et qui, d'après une opinion récente (M. Louis Lucas, *Revue générale* 1886, note pag. 309), paraît remonter à l'an 364, établit entre les *sponsores* et les *fidepromissores* une société de plein droit : celui d'entre eux qui avait payé pouvait se retourner contre les autres.

Nous citerons enfin la loi *Cicereia*, également antérieure à la fidéjussion puisque Gaius nous apprend (III, 123) qu'elle lui fut plus tard appliquée par la jurisprudence ; cette loi, établie dans un but de publicité, et destinée à mettre en garde les *adpromissores* contre des engagements irréfléchis, décide que le créancier qui reçoit des garanties accessoires doit déclarer combien il en a, et jusqu'à concurrence de quelle somme.

Ces différentes lois restrictives nous apprendraient en outre, si nous ne l'avions déjà établi, quelle vogue universelle, on peut même dire exagérée puisqu'on jugea nécessaire de l'entraver, s'attachait à Rome aux sûretés personnelles.

La pratique apporta, avant l'année 673, une dernière forme d'*adpromissio*. Cette création nouvelle répondait à la nécessité de cautionner d'autres obligations que celles contractées *verbis*. C'est la jurisprudence qui créa la *fidejussio*, empruntant une formule qui servait déjà à créer l'obligation principale. Cette forme présentait d'ailleurs, outre l'avantage de s'appliquer à toutes les obligations, celui, spécial au créancier, d'être transmissible aux héritiers, et en faisait une garantie qui ne nécessitait plus au même titre l'adjonction d'un grand nombre d'*adpromissores*.

Elle était de plus perpétuelle. Ce caractère nous permet de croire que la loi *Furia* n'est certainement pas de 659 car ce n'est pas dans un intervalle de 14 ans qu'il eût été possible de modifier, à Rome, dans une semblable mesure, le droit établi. Aussi la date de l'an 408 de Rome proposée par M. Accarias nous semble-t-elle à tous points de vue beaucoup plus rationnelle.

La loi *Cornelia,* qui suivit la *fidéjussion* et qui est certainement de 673, bien que Gaius (III, 124) ne nous en dise pas expressément la date, apporta une dernière restriction à la liberté du cautionnement. Il ne fut plus permis au même fidéjusseur de s'engager, en faveur du même débiteur pour une somme supérieure à 20.000 sesterces. Cette loi était, paraît-il, dictée par les mêmes motifs que la loi *Furia,* mais elle ne remédiait en rien à l'inconvénient qu'elle voulait combattre, car il était facile à un débiteur principal de trouver de nombreux fidéjusseurs dans la limite permise.

Nous voyons, dans ces diverses lois limitatives, la trace très nette d'un antagonisme entre la législation et la jurisprudence, dominée par les tendances de la pratique.

Ces lois sont, à notre avis, la traduction, souvent maladroite il est vrai, du désir qu'éprouvait le législateur de se conformer à la réalité des choses en dégageant le cautionnement de la solidarité pour lui donner enfin son caractère accessoire.

Les raisons d'ordre politique que nous avons données plus haut n'en existent pas moins ; elles viennent plutôt s'ajouter à celles-ci pour concourir au même résultat. Quoi qu'il en soit, ces lois eurent cette conséquence pratique de contribuer à faire passer dans les mœurs la notion distincte de deux sortes d'obligations.

En face de cette tendance de la loi, se dresse l'antagonisme de la jurisprudence. Si la loi, dans le but de se conformer à la réalité des choses, tend à la séparation, la pratique au contraire cherche à rendre l'engagement plus complet. Dans une lutte de ce genre, ce sont en général

les créanciers qui l'emportent ; ils furent d'ailleurs aidés
ici par la vogue générale des sûretés personnelles.

Ainsi la création de la fidéjussion, qui présente au point
de vue général un progrès sur la législation antérieure,
vint aggraver pour les fidéjusseurs les dispositions de la
loi *Furia*, et on ne sait si cette institution d'origine extra
légale ne doit pas l'existence au moins autant au désir de
prolonger l'obligation accessoire qu'à la reconnaissance
du principe de perpétuité qui est de l'essence des obligations, et à la nécessité de créer une forme d'*adpromissio*
pour tous les contrats.

Une tendance semblable s'accuse d'ailleurs de nos jours
où l'on voit la pratique aggraver presque universellement
le cautionnement de la solidarité, mettant ainsi de plus en
plus, en dépit de la réalité des choses, la caution à la merci
du créancier. Mais tandis que, chez nous, ce résultat n'a
lieu qu'autant que la caution veut bien s'y prêter, il fut
longtemps impossible à Rome de cautionner dans d'autres
conditions.

M. Hauriou, dans une étude insérée à la *Revue historique*
de 1882, a soutenu cette idée assez paradoxale que la solidarité serait une forme perfectionnée du cautionnement.
C'est au contraire le cautionnement qui se dégagea avec
peine de la solidarité, et qui ne parvint, en dépit des efforts
contraires, à faire reconnaître son véritable caractère, que
quand l'équité se fit enfin sa place à côté de la rigueur du
droit.

Du reste, M. Hauriou prend soin de rendre son idée
plus critiquable encore en se contredisant lui-même. Après
avoir déclaré que la solidarité est une vieille idée indo-

européenne, il poursuit que les Romains « ne tardèrent pas à imposer cette forme perfectionnée du cautionnement ». Si l'on admet comme véridique le commencement de la phrase, on déciderait bien plutôt que le cautionnement dérive de l'idée originaire de solidarité.

Les mesures comprises dans les lois précitées étaient, il faut bien l'avouer, insuffisantes. Elles manquaient même souvent leur but. Mais malgré bien des retours offensifs, on vit enfin l'idée de créance accessoire passer peu à peu de la législation dans la jurisprudence et dans la pratique, et enfin se traduire en dispositions plus heureuses. Le fidéjusseur trouve désormais des moyens d'éviter les poursuites principales soit par des stipulations spéciales, soit en employant d'autres modes d'engagement, en attendant que, plus tard, il obtienne directement les divers bénéfices auxquels lui donne droit la qualité de sa créance.

Avant de poursuivre l'étude de ces deux dernières phases, nous allons présenter quelques observations sur les différentes espèces d'*adpromissiones*.

On a prétendu qu'il y avait entre ces trois sortes d'engagement une différence de forme : le *sponsor* et le *fidepromissor*, dit-on, devaient s'engager en même temps que le débiteur principal, tandis que la fidéjussion intervenait utilement soit avant, soit après. Mais le texte de Gaius (III, 123) sur la loi *Cicereia* qui exige la *prædictio* du débiteur principal est absolument contraire à cette distinction. La *prædictio* ne se comprend que si l'*adpromissio* précède ou suit l'obligation principale. Nous ferons donc remonter, non pas à la création de la fidéjussion qui ne réalisa aucun progrès à ce point de vue spécial, mais à la création des formules, l'origine de la forme particulière qu'affecta le cautionne-ment. C'est ce que nous confirme d'ailleurs le texte de Gaius (III, 115).

C'est également de la formule qu'il faut déduire le ca-ractère accessoire de l'*adpromissio*. Il faut donc également rejeter l'opinion avancée (*Revue française et étrangère*, an-née 1876), d'après laquelle seule la *sponsio* et la *fidepromis-sio* seraient des contrats accessoires, tandis que la *fidejussio* se confondrait avec l'obligation principale. Cette opinion qui se fonde sur une fausse interprétation du mot *jubes* tendrait à croire qu'ici le fidéjusseur donne un ordre, ce-lui de traiter, et qu'il se porte garant de l'exécution. Il n'y a, ce nous semble, aucune distinction à faire : Gaius (III, 115) nous présente sur la même ligne les trois espèces d'*ad-promissiones*. Le terme *jubes*, qui n'a pas ici de synonyme littéral en français, désigne une sorte d'acceptation dont la forme, légalement différente, engendrait une obligation pa-reille, quoique douée de modalités propres.

La meilleure preuve est que les interrogations et les ré-ponses conformes ne se bornèrent pas aux trois types indi-qués, et qu'on put s'obliger accessoirement en employant les mots : *promitto*, *dabo*, *faciam*, etc. La forme particu-lière d'*adpromissio* qui résultait de ces réponses n'est pas indiquée par Gaius qui semble se référer pour les dévelop-pements (III, 116) à son enseignement oral. Il est à croire que ces formes engendraient la fidéjussion qui, étant le der-nier mode, et le plus parfait de l'*adpromissio*, a dû être de préférence stipulé par le créancier. Si l'obligation résultant de la fidéjussion était une obligation principale, Gaius au-rait dit tout au moins que les engagements contractés dans ces formes, qui excluent l'idée de commandement, n'étaient pas des fidéjussions. On peut même dire que la question ne se serait pas posée, car il n'y eut plus eu à hésiter qu'entre la *sponsio* et la *fidepromissio*, et la différence eut alors résidé uniquement dans la qualité des parties contractantes.

Une dernière question doit être examinée : Comment l'*adpromissio* pouvait-elle être admise comme licite en présence du principe universel (Inst., III, 19, § 2) « *nemo pro altero promittere potest* ». N'est-ce pas promettre le fait d'autrui que de promettre *idem* ? Les Romains se tiraient de cette apparente contradiction en indiquant, non pas la promesse du fait d'autrui, mais la promesse de faire que le débiteur exécutât l'obligation. Il résultait donc, des termes de la stipulation, que l'obligé accessoire s'était personnellement engagé. L'*adpromissor* promet *idem* et s'engage personnellement. C'est son fait personnel appliqué à la dette d'un autre qu'il promet. On allait même plus loin, et on admettait comme valable l'*accessio* à la promesse que faisait le débiteur principal de transporter sa propriété, à la promesse d'une prestation que seul le débiteur principal pouvait exécuter. Il suffisait que l'*adpromissor* n'indiquât pas dans la formule le fait même du débiteur principal, en un mot qu'il ressortît de cette formule une obligation personnelle à sa charge.

SECTION III. — EXPÉDIENTS EMPLOYÉS, ET FORMES
NOUVELLES DE CAUTIONNEMENT.

Les trois modes d'*adpromissio* présentaient, malgré les progrès successivement réalisés, des inconvénients qui les rendirent insuffisants : les nécessités qui avaient amené les transformations successives que nous avons décrites avaient encore grandi. La présence obligatoire des parties était devenue notamment une exigence souvent irréalisable ; or la stipulation exigeait la présence simultanée du créancier et du débiteur accessoire, et les formes du contrat *verbis* étaient encore trop respectées pour permettre les accommodements que consacra Justinien.

Il y avait un inconvénient plus grave encore dans l'*idem debitum* qui ne permettait qu'une action, quelque fût le nombre des débiteurs. On ne songea pas un instant à empêcher l'effet de la *litis contestatio* qui ne reçut d'ailleurs aucune atteinte pendant la période classique du droit romain. Il en résultait que le créancier qui s'adressait à l'un de ses débiteurs perdait de ce fait toute action contre les autres. Si son choix était malheureux, ou bien s'il ne prenait soin de diviser ses poursuites suivant leur solvabilité, il courait risque de perdre sans recours possible tout ou partie de sa créance.

Comme on ne pensa pas, pour remédier à ces risques, à modifier le droit, il fallut bien que la pratique trouvât des expédients. Les mœurs avaient enfin à cette époque fini par se mettre d'accord avec la réalité des choses en dégageant le caractère accessoire, et la pratique dut dès lors trouver des moyens de tourner la loi.

On eut d'abord recours à un premier expédient, *l'adpromissio* conditionnelle, qui n'obligeait *l'adpromissor* qu'en cas de non paiement par le débiteur principal, préalablement mis en demeure. La mort du débiteur principal produisait, nous dit le texte (D. lib. XLVI, tit 1, l. 16, § 6), le même effet que la demeure.

S'il faut voir ici la première phase de l'évolution qui devait aboutir au bénéfice de discussion, on reconnaîtra combien est grande la distance qui reste à franchir. La demeure n'était pas en effet une mesure bien énergique, et de nature à déterminer, dans tous les cas possibles, le débiteur principal à payer.

Une autre stipulation fit faire à notre institution un nouveau pas en avant. Cette stipulation qui a reçu le nom de *fidejussio indemnitatis* (**D.** lib. XLVI, tit. II, l. 6) nous est indiquée par Ulpien et par Gaius (D. lib. L, tit. XVI, l. 150). Il faut désormais que le créancier discute d'abord le débiteur principal. S'il se trouve payé au cours de cette discussion, la condition sous laquelle la fidéjussion a été consentie étant défaillie, l'*adpromissor* est libéré. Sinon, il n'est tenu que du *quanto minus*. Le créancier n'a donc plus rien à craindre de l'effet extinctif de la *litis contestatio* : le fidéjusseur n'a pas promis *idem*, et c'est pour le supplément seulement qu'il sera tenu.

Il pouvait arriver dans cette stipulation que le créancier perdît, par sa négligence à poursuivre le débiteur principal, le bénéfice de la fidéjussion contractée seulement en vue de parer à l'insuffisance des biens résultant de la poursuite d'un créancier diligent. Cette dernière condition résultait-elle des principes de bonne foi qui se seraient introduits dans cette stipulation ? Y avait-il une formule plus complexe dont celle qui nous a été conservée ne relaterait que la substance ? Nous l'ignorons. Un texte de Modestin nous apprend seulement (D. lib. XLVI, tit. I, l. 41) que le créancier ne pouvait pas sans risques retarder d'une façon illimitée ses poursuites contre le débiteur principal.

Un rescrit d'Alexandre Sévère nous fait connaître une autre stipulation plus incomplète et plus vague : c'est la *fidejussio rem creditoris salvam fore*. Il est probable qu'elle n'obligeait pas le créancier à s'adresser d'abord au débiteur principal, et que d'autre part elle n'autorisait pas le fidéjusseur à exciper de la négligence de ce débiteur principal. Elle avait pour effet unique de remédier à l'effet extinctif de la première poursuite.

Ces innovations qui n'enlevaient aucune sûreté au créancier assuraient au fidéjusseur un traitement plus conforme à la justice. Mais si elles permirent d'échapper aux rigueurs primitives, elles n'en étaient pas moins conçues dans la forme des stipulations. De nombreux inconvénients étaient la suite de leur caractère de droit strict comme de leurs formes. Elles exigeaient notamment la présence effective des parties.

On ne pouvait remédier à tous ces inconvénients qu'en cherchant en dehors de la stipulation une forme nouvelle de l'obligation accessoire.

On chercha à appliquer à la matière le pacte prétorien de constitut. On évitait ainsi l'obligation de réunir les parties contractantes, en même temps qu'on rendait inutiles les formules ci-dessus, du moins, en tant qu'elles avaient pour effet d'échapper à l'effet extinctif de la *litis contestatio*.

Ce pacte qu'on peut définir la promesse que fait une personne de payer, à une date déterminée, une obligation déjà existante, n'engendrait pas originairement d'action, mais seulement une exception. La nomenclature des contrats qui se formaient *consensu* les avait exclus par limitation, et empêchait qu'ils pussent engendrer l'action civile.

Mais lorsque plus tard, les formules étroites des obligations civiles ne furent plus suffisantes, le préteur d'abord, puis les constitutions, munirent d'action certains pactes. Les premiers furent appelés pactes prétoriens. Ce fut l'un d'entre eux, le pacte de constitut, muni comme on sait de l'action de *constitutâ pæcuniâ*, qui remplaça dans un certain nombre de cas la stipulation.

Ce pacte tire son origine du *receptitium*, vieille forme de contrat usité entre banquiers et clients, et qui servait soit à faire une ouverture de crédit, soit à tenir à la disposition du client les fonds qu'il avait déposés. Ce contrat avait sa sanction dans une action perpétuelle, dite *receptitia*; il avait d'ailleurs perdu à l'époque classique toute utilité.

Le constitut étant par définition l'engagement de payer une dette préexistante, le débiteur qui trouve un tiers qui consente à s'engager en cette forme pourra obtenir une prorogation d'échéance. Mais celui qui voudrait contracter un emprunt et à qui le créancier demanderait au préalable une sûreté personnelle ne saurait y recourir.

Il y avait donc un dernier pas à faire. On trouva dans le mandat le moyen de remédier à la plupart des inconvénients précédemment décrits, et ce fut encore la pratique qui en suggéra l'emploi.

Depuis longtemps déjà, quand le créancier se disposait à poursuivre un *adpromissor*, ce dernier échappait à la nécessité actuelle de payer en donnant au créancier mandat de poursuivre d'abord le débiteur principal. De cette façon, il n'était pas obligé de faire l'avance des fonds, et le créancier pouvait, en qualité de mandataire, demander à l'*ad-promissor*, son mandant, le montant des frais que lui occasionnait l'accomplissement de son mandat. Pour le créancier, le résultat était le même que s'il avait pu poursuivre successivement pour la même dette chacun des deux obligés.

On trouva le moyen de perfectionner cette application assez bizarre du mandat à l'*adpromissio*.

On pensa que le créancier aurait plus de garantie si son double droit de poursuite lui était acquis dès l'origine de la dette. L'opération se décompose en un double mandat. le débiteur donne mandat au fidéjusseur de le cautionner, et le fidéjusseur qui accepte donne à son tour mandat au créancier de prêter au débiteur, en s'engageant à indemniser ce créancier, devenu son mandataire, de toutes les dépenses que pourra lui occasionner l'exécution de ce mandat.

Ce contrat reçut le nom de *mandatum pæcuniæ credendæ*. Appelé à remplacer la fidéjussion dans les cas où cette dernière n'aurait pas rempli son but, il ne tarda pas à être considéré comme une sorte de fidéjussion, à tel point qu'au Digeste et au Code Justinien on les rassemble dans la communauté d'un même titre.

La validité du *mandatum pæcuniæ credendæ* fut l'objet de vives controverses que l'interprétation du texte incomplet de Gaius fait remonter, probablement par erreur, jusqu'à *Servius Sulpicius*. On ne dut probablement même pas songer à cette époque à une semblable application du mandat.

Sabinus ne contribua pas peu à faire prévaloir sa validité, aidé puissamment en cela par la nécessité d'échapper à l'étroitesse et à la rigueur de la *fidejussio*, tout en donnant au créancier une sûreté plus complète, sans préjudice pour le débiteur accessoire dont l'obligation était au contraire allégée.

Le principal grief qu'on lui oppose c'est, dit-on, qu'il n'intéresse que le mandataire. On a répondu qu'il intéresse aussi le débiteur puisqu'il lui procure du crédit, et que, d'ailleurs il devient tout au moins obligatoire par l'exécution.

Quoi qu'il en soit de ces contestations, elles ne prévalurent pas, et le *mandatum* fut la dernière forme employée pour parer à l'insuffisance du système général.

L'action *mandati contraria* qu'il donnait était de bonne foi. De plus l'obligation n'avait pas le même objet puisque le mandataire avait reçu le mandat de rendre indemne le créancier, et non pas de cautionner directement l'obligation principale. C'est ce qui nous est expliqué aux Sentences de Paul (liv. II, t. XVII, § 16).

Le seul inconvénient qu'il présentait était qu'à la différence du pacte de constitut qui ne pouvait garantir que des dettes préexistantes, il ne pouvait accéder qu'à des dettes futures. Mais la pratique ne tarda pas à le plier à la garantie d'une obligation échue. Il put également accéder à la sûreté de toutes les obligations et ne justifia bientôt plus ni son titre ni son premier emploi.

C'est ainsi qu'on arriva, après bien des vicissitudes, et au prix de difficultés nombreuses, à créer un droit enfin conforme à la réalité et à la nécessité.

Mais on n'y parvint, nous l'avons vu, que par des moyens

détournés, en renonçant à des principes dont la rigueur ne tenait aucun compte de la volonté des parties, et la violentaient au lieu de l'interpréter.

Il nous reste à montrer comment ces principes fléchirent à leur tour, et comment on parvint enfin à sanctionner sans subterfuge l'évidente volonté des parties contractantes.

CHAPITRE III

BÉNÉFICES ACCORDÉS AUX FIDÉJUSSEURS.

On sait que la législation romaine ne s'en tint pas aux
moyens détournés que nous avons décrits. Puisque les principes du pur droit civil s'opposaient à ce que la fidéjussion
fût traitée dans la pratique suivant son caractère véritable
d'obligation accessoire, c'est que ces principes étaient cri-
tiquables, contraires à la nature des choses et à la volonté
des parties. C'est donc désormais aux principes eux-mêmes
qu'on va s'attaquer.

Mais d'abord, à laquelle des trois formes classiques s'appliquèrent les réformes dont nous allons traiter ? On peut
répondre que ce fut à la *fidejussio* seulement. Les deux
autres formes, que Gaius nous présente comme vivantes à
son époque, finirent, avant Justinien, par se fondre en une
seule, la *fidejussio*.

Le point de départ de la confusion est dans une constitution de l'empereur Léon (C. lib. VIII, tit. XXXVIII,
l. 10), qui déclare que toutes les stipulations, solennelles
ou non, et quelle qu'en soit la forme, seront valables. Il
n'y a plus désormais de formules solennelles.

Cette constitution n'abolit pas les formes générales de
la stipulation pour la validité de laquelle il faut toujours
une question suivie d'une réponse conforme, mais seulement la forme solennelle. Cette constitution s'appliqua à

l'*adpromissio*, mais on peut concevoir que, malgré ses prescriptions, la pratique des stipulations particulières se maintint quelque temps encore. Mais l'abolition de leurs effets particuliers hâta la confusion, qui fut si complète à l'époque de Justinien, qu'il ne nous dit même plus rien des autres espèces d'*adpromissiones*. Nous ne parlerons donc plus désormais que de la fidéjussion.

En ce qui concerne ce mode d'engagement, les principes étaient que le créancier qui avait choisi un de ses débiteurs, le débiteur principal ou un des fidéjusseurs, ne pouvait plus, après la *litis contestatio*, s'adresser aux autres ; qu'il pouvait choisir celui des fidéjusseurs qu'il lui plaisait, et lui réclamer la totalité ; et enfin qu'il était libre de poursuivre tout d'abord à son choix soit le débiteur principal, soit le fidéjusseur.

Il nous faut insister sur les propositions que nous venons de formuler avant d'exposer les dérogations qui y furent apportées.

La première est que, la *litis contestatio* survenue, le choix fait par le créancier de celui qui doit exécuter l'obligation est désormais irrévocable.

La *litis contestatio* ne s'applique que dans la mesure de la poursuite intentée. Ceci résulte d'un texte du code (lib. VIII, tit. XLI, l. 16). Ce principe déraisonnable, malgré cette limitation, était fondé sur l'*idem debitum*. On ne s'inquiétait ni de l'intention des parties, ni de la rigueur consistant à considérer uniquement la dette au point de vue de l'objet qui, s'il est le même, est dû pour une cause différente, par des parties différentes.

Malgré le remède de la *fidejussio indemnitatis*, il était

bien préférable de modifier des principes inconciliables avec la raison.

D'après le deuxième principe, chaque fidéjusseur peut indifféremment être choisi. Il résulte en effet de son propre engagement qu'il est tenu pour la totalité. Le créancier qui choisit celui des cofidéjusseurs dont la solvabilité lui semble plus complète est dans son droit, car il s'est borné à accepter les engagements, et n'en a pris aucun. Les débiteurs accessoires ayant promis *idem* dans les termes même de l'obligation principale, il faudrait, pour réduire leur engagement à leur véritable portée, soit modifier la formule lorsqu'il y a plusieurs cofidéjusseurs, soit faire prévaloir l'intention sur le texte. C'est à cette seconde alternative qu'on s'arrêtera.

Enfin, le créancier peut choisir soit le débiteur principal soit le fidéjusseur (C. lib. V, tit. LVII, l. 1). Cette latitude peut être rattachée au caractère purement unilatéral de la stipulation. Le créancier ayant accepté l'engagement de plusieurs personnes, et n'ayant rien promis lui-même, n'était engagé que par les mœurs qui voyaient d'un mauvais œil les poursuites intentées en premier lieu au fidéjusseur. C'était pourtant son droit strict.

Ces droits exorbitants qui résultaient de la formule, mais que les mœurs réprouvaient, furent d'abord l'objet de certains tempéraments dont l'effet était de faire prévaloir l'intention des parties sur la rigueur du droit.

Nous avons exposé le mandat de poursuivre le débiteur donné au créancier par le fidéjusseur, expédient imparfait sans doute, car il suppose la bonne volonté du créancier, mais qui fut fréquemment employé (Inst., liv. III, tit. 26, § 2);

nous avons examiné les autres expédients, la *fidejussio in-demnitatis*, la stipulation *rem creditoris salvam fore*, le pacte de constitut et les deux applications du mandat à la fidé-jussion. Nous avons aussi constaté l'insuffisance de ces mesures.

Au principe du droit classique, vinrent ensuite remédier, cette fois d'une façon directe, les trois bénéfices de cession d'action, de division et de discussion.

Ce sont des faveurs que reçut le fidéjusseur par déroga-tion aux principes généraux du droit. Ces bénéfices, qui se produisirent historiquement dans l'ordre que nous avons indiqué, auraient dû logiquement se présenter dans l'ordre opposé, la première idée d'une personne poursuivie pour une autre étant tout naturellement de prier le créancier de s'adresser d'abord au véritable débiteur. Il eut été logique que le législateur pensât en premier lieu à diminuer le nom-bre des recours, tout en reconnaissant le caractère acces-soire de la fidéjussion. Quoi qu'il en soit, c'est l'ordre in-verse qui fut suivi.

La législation romaine, dans ses efforts pour adoucir les effets de l'*adpromissio*, traversa deux périodes : dans la première qui est celle des lois *Furia*, *Apuleia*, *Cicereia* et *Cornelia*, l'obligation de l'*adpromissor* n'est adoucie qu'aux dépens du créancier ; dans la seconde qui est celle des béné-fices, on parvient enfin à concilier les deux intérêts rivaux.

SECTION I. — BÉNÉFICE DE CESSION D'ACTIONS.

Ce fut la jurisprudence romaine qui vint ici au secours du fidéjusseur.

Le bénéfice de cession d'actions s'exerçait dans tous les cas, que la créance fût garantie par des sûretés réelles ou par des sûretés personnelles résultant de l'accession d'un ou de plusieurs fidéjusseurs.

Dans le premier cas, la cession d'actions transporte au fidéjusseur les actions qui appartiennent au créancier, mais il faut qu'il en ait été investi par une *procuratio in rem suam*. C'est ce que nous apprend le code (lib. VIII, tit. LVI, l. 14, *pignora etenim...*). On considère le fidéjusseur qui paie comme s'il s'était fait céder l'action du créancier.

Si le créancier n'a qu'un débiteur et un fidéjusseur, ce dernier, s'il a payé, ne pouvait auparavant recourir contre le débiteur principal que par les actions *mandati* ou *negotium gestorum*, tandis que, par la cession d'actions, il peut bénéficier des garanties attachées à la qualité de la créance, soit par exemple, que l'action soit une de celles qui doublent en cas d'*inficiatio*.

Enfin, au cas où il existe plusieurs fidéjusseurs, celui qui a payé a besoin de la cession pour recourir contre les autres. Sans cette opération, il serait réputé avoir payé pour le débiteur et n'aurait aucun recours. C'est ce qui résulte d'un texte de Modestin (D. lib. XLVII, tit. I, l. 39). Donc ce recours n'est pas de droit et ne résulte que d'une cession.

Le créancier n'était nullement obligé de conserver ses actions pour les céder au fidéjusseur qui l'avait payé. Il ne doit rien au fidéjusseur qui les prend seulement dans l'état où elles se trouvent en admettant qu'elles aient été conservées.

Les actions du créancier n'étaient pas du reste acquises

de plein droit au fidéjusseur : elles devaient lui être demandées (C. lib. VIII, tit. XLI, l. 21). On les obtenait en général par l'exception de dol. On ne pouvait non plus les obtenir avant d'avoir payé la dette entière (D. lib. XLVI, tit. I, liv. 14).

On peut prévoir le cas où le fidéjusseur n'aurait payé qu'une partie de la dette. Serait-il alors en droit de réclamer une part proportionnelle des actions ? Non, car le créancier eût été forcé pour le surplus de subir le concours avec le fidéjusseur, et aussi parce que la créance, généralement hypothécaire (car il est ici presque toujours question d'une créance garantie par des sûretés réelles), ayant été en partie cédée, le créancier et le fidéjusseur eussent eu le même rang, et il en serait résulté, à cause de la conception toute particulière de l'hypothèque à Rome, des difficultés inextricables. On sait en effet que le premier créancier hypothécaire pouvait seul vendre et que son cessionnaire acquérait seul son droit entier. La jurisprudence n'a probablement pas voulu que le créancier fut à la disposition du fidéjusseur.

SECTION II. — BÉNÉFICE DE DIVISION.

Le bénéfice de division, beaucoup plus radical que le précédent, puisqu'il appartenait au fidéjusseur avant même qu'il eût payé, et tendait ainsi à diminuer l'étendue de son obligation originaire, fut établi par Adrien.

La loi *Furia*, nous l'avons vu, l'avait établi de plein droit entre les *sponsores* et les *fidepromissores*, mais ces institutions ayant été remplacées par la fidéjussion, il fallut une disposition spéciale pour revenir aux mesures anciennes. On voit ici la législation restreindre à deux reprises différentes l'étendue du cautionnement que les exigences des créanciers tendaient au contraire à aggraver.

Si nous rappelons, à propos du bénéfice de division, les dispositions de la loi *Furia*, il n'en faudrait pas conclure qu'elles fussent ici exactement reproduites. Il y a au contraire des différences très sensibles tenant, en grande partie, aux progrès opérés dans la législation.

Tandis que, dans les deux premiers modes d'*adpromissio*, la division se faisait à l'échéance entre les garants vivants, solvables ou insolvables, elle n'a lieu en matière de fidéjussion qu'entre les garants solvables à l'époque de la *litis contestatio*. Cet inconvénient commun aux deux premières formes de l'*adpromissio* ne fut d'ailleurs pas étranger, nous l'avons exposé, à l'établissement de la *fidejussio*.

De plus, la division de la loi *Furia* est de plein droit, tandis que celle résultant du bénéfice de division ne s'opère qu'*exceptionis ope*. La *plus petitio* qui était la sanction de l'infraction à la première règle n'est désormais plus à craindre ; mais par contre le fidéjusseur, qui n'aurait pas fait insérer dans la formule son exception de division ne pourrait plus l'invoquer plus tard et serait forcément condamné à payer intégralement. On voit que le bénéfice de division était beaucoup moins radical et exprimait les principes d'une législation plus savante.

Nous venons de voir que le bénéfice de division n'a pas lieu de plein droit : il doit être demandé, car, en principe, le fidéjusseur doit le tout. Le rescrit d'Adrien ne supprima pas, il ne fit que tempérer cette obligation. Et encore n'est-

ce qu'à l'aide d'une exception que doit opposer le fidéjusseur, et comme le créancier ne doit en définitive rien perdre, l'obtention de notre privilège est subordonné à une
autre condition encore : il faut que les cofidéjusseurs contre
lesquels on demande le bénéfice soient solvables.

A quel moment la solvabilité des cofidéjusseurs doit-elle
être appréciée? Gaius répond (III, 121) : au moment de la
litis contestatio engagée entre le créancier et le premier
fidéjusseur poursuivi. Les exceptions étant examinées au
moment de la rédaction de la formule, c'est également à
ce moment qu'il faut se reporter pour la solvabilité.

On a tiré argument en sens contraire d'un texte du code
(lib. VIII, tit. XLI, l. 10, § 1) où on exige la solvabilité
ante condemnationem, mais ce texte peut être interprété
par la nécessité de démontrer la solvabilité dans la formule entre l'*intentio* et la *condemnatio*. La place ordinaire
de l'*exceptio* était en effet entre ces deux parties de la formule. Le bénéfice de division résulte de l'exception dont la
formule est : *si non et illi solvendo sint*.

Si le magistrat admet l'exception, il doit refuser l'action ;
s'il ne l'admet pas, reconnaissant l'insolvabilité des cofidéjusseurs, il délivre une formule pure et simple pour le
tout.

Mais il faut supposer qu'en cas de solvabilité certaine ce
sera le créancier qui, de son propre chef, divisera sa demande. S'il ne le fait pas, le magistrat saura l'y contrain-
dre en lui refusant l'action jusqu'à ce qu'il s'y décide.

Nous constatons ici une différence à l'avantage de notre
code entre le bénéfice de division romain et notre article 2026 qui met l'insolvabilité des cofidéjusseurs à leur

charge jusqu'au jour du jugement. Cette décision est beaucoup plus rationnelle, car l'instance est souvent assez longue pour qu'une des cautions, solvable au début, devienne ensuite insolvable.

Un autre inconvénient peut encore exister pour le créancier qui, poursuivant d'abord un cofidéjusseur insolvable se voit opposer le bénéfice de division, et perd toute la portion de dette qui lui incombe sans pouvoir reporter sur les autres son insolvabilité.

Mais une troisième éventualité peut se présenter : le magistrat à qui on oppose l'exception peut douter seulement de la solvabilité des autres fidéjusseurs. Il faut alors décider que c'est au cofidéjusseur qui demande l'insertion de l'exception dans la formule à prouver cette solvabilité. Ceci est l'application pure et simple des principes de la preuve : *reus in excipiendo fit actor*.

Si la preuve ne peut être absolue, le magistrat délivrera la formule avec l'exception, mais avec réserve de faire examiner par le juge si elle est fondée.

On pouvait cependant, malgré le doute sur la solvabilité, obtenir *in jure* la division de l'action. C'était encore le mandat qui intervenait : le cofidéjusseur poursuivi pouvait donner mandat au créancier de poursuivre les autres chacun pour sa part, et il devait indemniser le créancier de la perte subie. Nous avons déjà vu une application similaire du mandat. Il fallait dans ce cas, dit Ulpien (D. lib., XLVI, tit. I, 1. 10 *prœm.*) qu'il fournît lui-même des cautions.

Si ce moyen n'a pas été employé, le juge est appelé à décider de la valeur de l'exception. Juge-t-il, malgré les preuves que lui donne le fidéjusseur poursuivi, la solvabilité des autres douteuse ? Il le condamne pour le tout.

Admet-il au contraire que les autres fidéjusseurs sont solvables ? On se demande s'il absoudra le fidéjusseur poursuivi, ou s'il le condamnera pour sa part seulement. Il faut, je crois, opter pour la dernière alternative. Bien qu'on puisse alléguer (Gaius, III, 119) que l'exception jugée exacte doive entraîner l'absolution du défendeur, on peut arguer d'un texte de Paul, au Digeste (lib. XLIV, tit. I, l. 22) qu'il n'en est pas toujours ainsi, et que parfois l'exception justifiée entraîne une condamnation partielle. Ici, au surplus, l'exception justifiée n'a pas pour résultat d'enlever à l'*intentio* toute sa force. Le résultat opposé aurait du reste l'inconvénient d'être contraire à l'intention de l'auteur du rescrit.

Nous admettrons donc qu'il doit être condamné pour partie seulement. Mais on allègue que l'effet extinctif s'est produit pour les autres cofidéjusseurs puisque c'est la créance entière qui a été déduite *in judicium*. Les commentateurs ont indiqué les moyens qui ont dû être employés pour remédier à cet inconvénient très grave. Parmi ceux-ci, on peut citer, en l'absence de texte, et en première ligne l'*in integrum restitutio*.

SECTION III. — BÉNÉFICE DE DISCUSSION.

Cette dernière faveur accordée au fidéjusseur ne regarde plus pour ainsi dire le droit romain. C'est Justinien qui l'accorde dans sa novelle 4.

Le fidéjusseur a le droit d'exiger que le créancier discute

préalablement le débiteur principal. Il obtient ainsi tout
d'abord l'avantage d'être libéré de l'avance de la dette en
cas de solvabilité du débiteur, et de ne payer tout au moins
que le surplus si le débiteur principal est partiellement
solvable. En cas de complète insolvabilité, il trouve tout
au moins, dans les délais de la discussion préalable du débiteur, une sorte d'exception dilatoire.

Justinien, dans ses explications sur ce bénéfice prétend
d'abord faire revivre dans sa meilleure partie une loi ancienne tombée en désuétude.

On a longtemps cherché quelle pouvait être cette loi incompatible avec les effets de la *litis contestatio*. Quelques-
uns ont été jusqu'à en nier l'existence, ce qui est infiniment
trop simple.

M. Accarias a nettement formulé les précédents les plus
connus et les plus incontestables du bénéfice de discussion.
Ce bénéfice existe en principe, plus ou moins clairement
formulé, dans certaines pratiques parmi lesquelles on doit
signaler: la stipulation insérée, en cas de fidéjussion ad-
jointe à une hypothèque, dans la formule même ou dans
un pacte adjoint, que le créancier commencera par vendre
le bien hypothéqué ; la stipulation *si reus non solverit ;* la
fidejussio indemnitatis ; le mandat donné par le fidéjusseur
au créancier de poursuivre à ses risques et périls le débiteur principal, etc.

Ces diverses pratiques datent de l'époque où le cautionnement put enfin, sous l'influence des mœurs, se séparer
nettement de la corréalité. Il nous est loisible d'admettre
que l'une de ces pratiques trouva sa sanction dans la loi,
aujourd'hui inconnue, à laquelle fait allusion Justinien.

Ainsi s'expliquerait la préface de la novelle. Comme Justinien nous apprend que cette loi était mauvaise dans certaines de ses parties, nous pouvons choisir entre les divers précédents, tous insuffisants, que nous venons d'énumérer. Rien ne nous porte à nous décider de préférence en faveur de la *fidejussio indemnitatis* qui fut au contraire la forme la plus parfaite avant le bénéfice de discussion. Il était peut-être question de la stipulation *rem creditoris salvam fore*, moins parfaite que la *fidejussio indemnitatis*.

L'opinion qui voudrait reporter cette loi à la date des *legis actiones* nous semble insoutenable. Il serait bien étonnant que tous les jurisconsultes de l'époque classique eussent passé cette loi sous silence, alors que la législation tendait de plus en plus à améliorer la condition des *adpromissores*, et eussent laissé à Justinien, leur compilateur, le soin d'en parler pour la première fois.

Le bénéfice de discussion ne saurait d'ailleurs, à notre avis, être une idée ancienne. Le cautionnement ne se dégagea, nous l'avons soutenu, qu'avec la plus grande peine de la corréalité. Les mœurs y résistèrent longtemps, et les diverses lois qui contribuèrent à ce résultat ne portent pas aussi profondément atteinte, malgré leur apparente rigueur, à la communauté d'origine des deux institutions.

Diverses autres interprétations ont été fournies : Cujas prétend que la loi à laquelle fait allusion Justinien n'est autre que la Loi des XII Tables. Il est difficile d'accepter cette opinion que rien ne vient corroborer, et que contredit d'ailleurs le silence universellement gardé par tous les jurisconsultes sur cette prétendue disposition.

Troplong, encore plus gratuitement affirmatif, prétend

que le bénéfice de discussion a existé à Rome jusqu'à Alexandre Sévère. Il faudrait une preuve à cette assertion démentie par tous les textes littéraires et juridiques.

M. Accarias fait remonter ce bénéfice jusqu'au temps des *legis actiones*. Cette opinion, savamment défendue, est cependant contredite par les recherches d'un jurisconsulte italien, M. Bini, dont l'opinion est relatée dans un commentaire de M. Thaller, inséré à la *Revue historique* de 1884.

Passons maintenant à l'explication des dispositions de la novelle 4. Le créancier ne peut désormais poursuivre le débiteur accessoire avant le débiteur principal, et ne peut lui réclamer, après la discussion de son auteur, que le complément de sa créance.

Un point pourtant reste douteux : Le bénéfice de discussion est-il de droit pour le fidéjusseur, ou bien doit-il être opposé par lui ? Le Code civil a adopté l'avis que le créancier n'est pas obligé d'y prendre garde, et que le fidéjusseur doit l'invoquer. Cela résulte également à Rome de l'idée qui a présidé à la constitution du bénéfice ainsi que de son nom. C'est une faveur qui doit être invoquée.

En cas d'absence du débiteur principal, le juge, sur l'exception opposée par le fidéjusseur, lui accordera seulement un délai pour le faire comparaître.

Le bénéfice n'appartient pas, par exception, à l'*argentarius* ni au *procurator in rem suam*.

Peut-on renoncer au bénéfice de discussion ? Notre Code l'a permis : c'est un retour volontaire aux principes de la solidarité auquel la loi n'a pas à s'opposer puisque la solidarité est légale au même titre que le cautionnement.

Justinien, dans une novelle postérieure à celle qui créa

le bénéfice de discussion, semble accorder (nov. 136) aux *argentarii* qui s'étaient plaints de la rigueur de la loi à leur égard, une compensation, en les autorisant à stipuler que, lorsqu'ils seront créanciers à leur tour, ils ne soient pas obligés de subir de la part de leurs fidéjusseurs cette exception de discussion qu'ils ne peuvent invoquer. Mais il ne faut pas exagérer la nature de cette disposition. Justinien ne fait qu'indiquer ici le droit commun aux *argentarii*, car il prend soin d'ajouter que cette stipulation n'a rien de contraire aux lois. La question ne saurait être douteuse ; elle peut se traduire par le conseil suivant : « vous avez un moyen bien simple de rendre aux autres le traitement exceptionnel dont vous êtes l'objet ; vous n'avez qu'à exiger de vos fidéjusseurs ce traitement exceptionnel et vous obtiendrez ce résultat par une stipulation expresse ». Pour qui connaît les inutilités nombreuses qui remplissent l'œuvre législative propre à Justinien, on ne peut s'expliquer qu'ainsi ce passage de sa novelle.

CHAPITRE IV

Comme l'*adpromissio* est le mode normal employé pour engendrer la sûreté personnelle, c'est elle qui va nous servir de point de comparaison.

Les deux autres modes ne sont en effet que des moyens employés pour parer à certaines infirmités de l'*adpromissio*, et ils ne se seraient jamais produits si cette forme avait eu tout d'abord le développement qu'elle n'acquit que dans le dernier état du droit.

Quoi qu'il en soit, la fidéjussion coexista, comme nous le verrons plus loin, avec le pacte de constitut et le *mandatum pecuniæ credendæ* ; cette coexistence s'explique notamment par ce fait que la fidéjussion n'était pas toujours possible pour engendrer l'obligation accessoire, et qu'il était dès lors indispensable de recourir dans certains cas à l'un des deux autres procédés. Et puis s'ils ont tous des points communs, ils conservèrent jusqu'à la fin certaines particularités qui les rendaient tantôt préférables, tantôt moins avantageux.

C'est par l'étude comparative de ces ressemblances et de ces différences que nous voudrions terminer cette étude.

SECTION I. — LE PACTE DE CONSTITUT ET L'ADPROMISSIO.

Le pacte de constitut présentait à certains points de vue des désavantages sur la fidéjussion : supposant, nous le savons, une dette préexistante, il ne servait qu'à consolider un crédit acquis, non à l'établir. Il ne s'appliquait, en outre, du moins à l'origine, qu'à des choses *quæ pondere, numero vel mensurâ consistunt.*

L'identité d'objet n'était pas interprétée avec la même rigueur que pour la fidéjussion en cas de pacte contracté *in duriorem causam.* Dans le cas de fidéjussion l'obligation était nulle ; ici elle était seulement réductible (**D. lib. XIII,** lit. **V,** 1. 11, § 1). Le même principe produisait en les deux matières un résultat différent.

Il n'est pas indispensable, en matière de constitut, qu'il y ait un débiteur principal certain. Le constitut, à la différence de la fidéjussion, serait valable s'il s'appliquait par exemple à l'hérédité non encore acceptée du débiteur.

Le constitut, à la différence de l'*adpromissio*, n'exige pas que la volonté du créancier soit expressément indiquée ; elle peut être tacite. Le constitut n'est pas davantage assujetti à des conditions de forme ; il peut se faire entre absents par l'intermédiaire d'un *nuncius.*

L'action résultant de la fidéjussion était perpétuelle ; celle *de constitutâ pecuniâ*, habituellement perpétuelle, était cependant annale dans certains cas exceptionnels que ne nous apprend pas Justinien.

L'action qu'engendre la fidéjussion est de droit strict, tandis que celle qui résulte du constitut ne rentre pas dans la catégorie des actions de droit strict ou de bonne foi. C'était une *actio in factum*, pouvant donner ouverture à la *plus petitio dimidiæ partis*, et qui comportait un délai.

On n'appliqua pas au constitut les lois *Cicereia* et *Cornelia*. On échappait également à l'effet extinctif de la *litis contestatio* dont le principe ne se posait même pas. On avait fini par décider également que l'obligation résultant du constitut n'était pas corréale. Mais toute raison de douter cessa lorsque le constitut put porter sur un objet différent.

L'*intercessor* par constitut n'eut fort probablement que sous Justinien le bénéfice de division (D. lib. XIII, tit. V, l. 14, *præm.*). Cet empereur décide dans la loi 3 *de constituta pecunia* que le bénéfice de division appliqué au mandat et à la cession d'actions ne doit pas être exclu du constitut pour la seule raison que sa forme est différente. Le bénéfice de cession d'action lui appartint également. Quant au bénéfice de discussion, il résulte de la novelle CXXXVI, cap. 1.

Enfin, d'une façon générale, le pacte de constitut, pacte prétorien, offre une partie des caractères généraux du droit prétorien dans ses différences avec le droit civil.

SECTION II. — LE MANDATUM PECUNIÆ CREDENDÆ
ET L'ADPROMISSIO.

Les différences entre la fidéjussion et le *mandatum* tiennent en général à ce que le caractère du mandat est d'être un contrat de bonne foi, synallagmatique imparfait, et à cette particularité qu'il peut être considéré plutôt comme principal que comme accessoire. D'ailleurs son seul caractère de contrat consensuel et de bonne foi formerait tout seul une antithèse permanente avec la fidéjussion.

Le *mandatum*, pareil en ceci au constitut, n'exige pas la volonté expressément manifestée. Le mandat, contrat consensuel, est de plus possible entre absents.

Le *mandatum* devait, en principe, précéder l'obligation. Il suppose il est vrai comme la fidéjussion une obligation principale, mais on ne le conçoit comme possible qu'au sujet d'une dette à naître.

Le caractère de bonne foi du *mandatum* fait que le mandant est tenu bien qu'il ait ignoré l'incapacité du reus. Le même caractère de bonne foi fait qu'ici la défense de s'obliger *in duriorem causam* est interprétée largement et n'entraîne que la réduction de l'obligation.

L'identité d'objet ne se rencontre pas dans le *mandatum* comme dans la fidéjussion. L'obligation de rendre indemne le créancier mandataire est très différente de l'obligation du fidéjusseur qui doit *idem*.

Les lois *Cicereia* et *Cornelia* ne s'appliquèrent pas plus au *mandatum* qu'au pacte de constitut.

L'action que le créancier pouvait exercer contre l'*intercessor* était l'*actio mandati contraria*. Quant à son étendue, le créancier-mandataire peut choisir entre le débiteur principal ou le *mandator*. Mais cette ressemblance avec la fidéjussion, corroborée d'ailleurs par le bénéfice de discussion accordé par Justinien au *mandator*, fait ressortir encore une ressemblance avec la *fidejussio indemnitatis* dans ce fait qu'un pacte intervenait parfois entre le créancier et le *mandator*, pacte aux termes duquel le créancier s'engageait à discuter d'abord le débiteur principal.

A l'origine également, le créancier pouvait entre plusieurs *mandatores* choisir pour le poursuivre celui qui lui semblait le plus solvable (D. lib. XVII, tit. I, 1. 59, § 3). C'est pour cette raison qu'on accorda aussi le bénéfice de division aux *mandatores pecuniæ credendæ*.

Lorsque le mandant payait le *reus* il n'était libéré *qu'exceptionis ope*. Cela provenait de ce que l'objet dû n'était pas indentique. Le même principe avait cette conséquence que la *litis contestatio* ne rendait pas irrévocable le choix fait par le créancier qui pouvait se retourner contre l'autre obligé. Ce n'était pas d'ailleurs ce principe seul qui entrait ici en jeu, mais le caractère du mandant, contrat de bonne foi, amenait ce même résultat.

Le bénéfice de division fut accordé au *mandator* par le rescrit d'Adrien, celui de discussion par Justinien. Quant au bénéfice de cession d'actions, il est assujetti à des règles spéciales. Tandis que le fidéjusseur ne pouvait réclamer ce bénéfice que devant le magistrat, le *mandator* peut l'invoquer en tout état de cause (D. lib. XLVI, tit. 1, l. 41, § 1). De plus, la fidéjussion, contrat de droit strict, n'obligeait pas le créancier à conserver ses actions. Le créancier doit au contraire, en cas de *mandatum*, non seulement céder les actions qu'il a, mais les conserver pour les céder. Ce principe qui résulte aussi du caractère de bonne foi est appliqué dans l'article 2037 de notre Code.

Une dernière différence résulte encore du caractère de bonne foi. Le cofidéjusseur qui a payé ne peut agir contre les autres qu'autant qu'il s'est fait céder les actions. S'il y à plusieurs *mandatores*, les principes différents doivent, en l'absence de texte, nous faire admettre la légitimité de ce recours.

Pourquoi, dans ces conditions, le *mandatum* ne remplaça-t-il pas la fidéjussion ? On peut croire que l'habitude jointe aux dispositions de la loi civile qui, dans un grand nombre de cas imposait la fidéjussion empêcha cette forme de tomber en désuétude.

SECTION III. — LA FIDÉJUSSION DANS LE DERNIER
ÉTAT DU DROIT. — CONCLUSION.

Ce n'est que dans le droit de Justinien que la stipulation perd, en la matière de la fidéjussion dont nous avons seulement à nous occuper, son caractère de contrat solennel.

La rigueur de ses formes a disparu. Justinien décide (Inst., lib. III, tit. XIX, § 12) que le fidéjusseur ne doit plus nécessairement être présent. Les parties n'ont plus qu'à dresser un écrit constatant la stipulation. Mais tandis qu'avant Justinien le débiteur était admis à faire, nonobstant l'écrit, la preuve qu'il n'avait pas été présent à la stipulation, on décide désormais qu'il faudra que, pendant toute la journée de la confection de l'acte, il prouve que son adversaire et lui se sont trouvés dans des lieux différents. La stipulation n'est plus, dans le dernier état du droit, qu'une forme dont on cherche, et dont on parvient enfin à s'affranchir.

Ainsi se rapproche de plus en plus la distance qui semblait infranchissable entre le contrat solennel et le contrat consensuel. Il n'y a presque plus rien à faire pour arriver à notre théorie moderne du cautionnement.

De notre étude des divers modes de sûretés personnelles se dégagent certaines indications sur la marche générale de la législation romaine.

Au début on rencontre, dans la *sponsio* existant seule, l'unité d'une législation rude et étroite. Les nécessités amènent la création de formes nouvelles sans toucher aux principes primitifs qui subsistent dans leur intégrité. Bientôt ces formes elles-mêmes deviennent insuffisantes. Il faudrait, pour les rendre vraiment praticables, réformer les principes primitifs. Mais l'esprit conservateur romain empêchait d'y songer. On a recours à des subterfuges : l'ingéniosité des préteurs et des jurisconsultes s'exerce à créer des formes nouvelles, empruntées à d'autres contrats, et à tourner habilement une loi qu'on n'ose encore attaquer de front.

L'institution acquiert ainsi tout son développement, mais la complication des moyens à employer, et l'inutilité des détours, grâce auxquels on n'obtient qu'indirectement le résultat cherché, apparaissent enfin aux yeux du législateur.

On s'attaque alors directement aux principes eux-mêmes et on revient en fin de compte à la simplicité du début. Mais on a, au lieu d'une unité étroite, une unité large, vraiment satisfaisante, et basée enfin sur les notions juridiques acquises par l'expérience de toutes les traverses par lesquelles a passé l'institution, et qu'elle a dû vaincre.

On a d'ailleurs observé dans le développement de la

plupart des institutions romaines la même marche, et on peut dire que dans la création de cette législation qui ne dut presque rien à personne, cette marche devait résulter fatalement de l'esprit conservateur des Romains joint à leur compréhension nettement pratique des nécessités ou se développait leur civilisation.

Il ne faut d'ailleurs pas condamner trop hâtivement l'attachement des Romains à des principes surannés, car c'est peut-être aux longues épreuves subies par leurs institutions qu'il a été donné à celles qui répondraient à un véritable besoin social de conserver malgré tout leur importance réelle, de triompher des principes qui s'opposaient à leur complet épanouissement, et d'acquérir enfin leur forme définitive.

TABLE DES MATIÈRES

DES SURETÉS PERSONNELLES A ROME

Pages

INTRODUCTION 5

CHAPITRE I. — **Généralités sur les sûretés personnelles** . 7

SECTION I. — Nature des sûretés personnelles 7
SECTION II. — Préférence des Romains pour les sûretés personnelles 8
SECTION III. — Causes de cette préférence 13

CHAPITRE II. — **Origine et formes successives de l'adpromissio.** 18

SECTION I. — Confusion primitive entre l'*adpromissio* et la corréalité 18
SECTION II. — Établissement successif des formes de l'*adpromissio.* 21
SECTION III. — Expédients employés, et formes nouvelles. . . . 29

CHAPITRE III. — **Bénéfices accordés aux fidéjusseurs** . . . 37

SECTION I. — Bénéfice de cessions d'actions 40
SECTION II. — Bénéfice de division. 42
SECTION III. — Bénéfice de discussion 46

CHAPITRE IV. — **Comparaison entre les diverses sûretés personnelles** 51

SECTION I. — Le pacte du constitut et l'*adpromissio* 52
SECTION II. — Le *mandatum pecuniæ credendæ* et l'*adpromissio.* 53
SECTION III. — La fidéjussion dans le dernier état du Droit. . . 56

CONCLUSION 56

DROIT FRANÇAIS

LE

DROIT D'ASSOCIATION ET L'ÉTAT

INTRODUCTION

Le droit d'association, envisagé en lui-même, soulève les problèmes les plus complexes de la science sociale. Alors que la législation des genres d'associations n'a le plus souvent à résoudre que des cas particuliers, et s'est bornée parfois à sanctionner une pratique antérieure, l'examen des problèmes que pose le droit général nécessite la solution préalable de questions plus hautes. Au lieu d'un fait évident qui va fournir tous les éléments d'une discussion concrète, on ne voit en cette matière que principes flottants, contradictoires, irraisonnés ou incomplètement déduits. Rien d'étonnant alors que la législation s'arrête indécise : la science est encore à faire.

Le droit de s'associer, qui n'est en réalité qu'une forme de la liberté individuelle, participe de la conception qu'on se fera du droit individuel. L'Assemblée nationale de 1789, qui, après avoir solennellement proclamé la liberté de l'individu, a gardé le silence sur la liberté d'association, obéissant ainsi aux préoccupations de l'époque, a préparé par cette inconséquence la législation qui nous régit encore, et que tout le monde s'accorde à condamner.

Ce sera donc pour établir la mesure de la liberté d'association que nous traiterons brièvement du droit individuel, non sans avoir toutefois préalablement pris parti sur la question de la nature de l'État, qui limite plus ou moins, suivant la notion qu'on s'en fait, le domaine de la liberté de l'individu.

CHAPITRE PREMIER

D'abord, il ne faut pas confondre les termes, souvent employés l'un pour l'autre, de Nation, d'État, de Société et de Gouvernement. Les trois premiers surtout sont fréquemment confondus.

La nation est une des étapes de l'évolution de la sociabilité humaine. Elle présente à l'esprit l'idée du rapprochement d'un certain nombre de familles et d'individus réunis dans un esprit de commune défense.

L'idée d'État vient ajouter à celle de nation l'organisation, la force morale. On a pu définir l'État « la personnalité politique permanente de la nation » (Rossi). L'État subsiste entier dans le démembrement d'une nation, pourvu que l'indépendance d'une parcelle quelconque ait été respectée. C'est grâce à cette personnalité morale ininterrompue qu'il nous est possible de recueillir les résultats accumulés par les générations précédentes, et de les transmettre, avec le fruit de nos propres efforts, aux générations futures.

Ce sera cette idée d'État que nous essayerons plus loin d'approfondir.

La société est la nation envisagée surtout au point de vue de la situation matérielle et morale que chacun y occupe, et des rapports qui en résultent. Ce terme éveille, outre l'idée de sociabilité, celle d'un équilibre obtenu entre des intérêts divers, ou même contraires.

Quant au gouvernement, entendu dans son sens le plus large, c'est-à-dire celui du régime gouvernemental, ce n'est que le mode de direction que s'est donné la nation, ou qu'elle a accepté, ou qui s'est imposé à elle. Ce mode de direction variable n'affecte en rien la notion même de l'État, qui a pu, par exemple en France, changer en moins d'un siècle neuf fois de régime sans subir la moindre altération : mais il formera toujours, malgré toutes les défenses insérées dans les constitutions, la matière de dissensions inépuisables, alimentées qu'elles sont par l'intérêt personnel.

Nous n'avons voulu, en définissant ces termes, que faire ressortir l'idée qui en forme d'après nous la caractéristique. Loin d'en accentuer les différences plutôt théoriques, nous estimons qu'ils signifient la même chose envisagée à des points de vue différents.

SECTION I. — THÉORIES SUR L'ÉTAT.

Nous allons examiner rapidement les principales théories émises sur l'État. Elles peuvent se diviser en deux groupes principaux, qui assignent à l'État, l'un une origine volontaire, l'autre une origine naturelle. Le premier groupe est surtout représenté par la théorie du contrat social, le second par la théorie de l'organisme social.

Citons pour mémoire l'opinion de ceux qui disent que la société résulte du simple contact ; l'opinion émise par de Haller d'une multitude d'engagements contractés envers

un seul qui ne s'est pas obligé ; et enfin une dernière doctrine, qui a tout au moins l'inappréciable avantage de supprimer la question, en enseignant que la société est un fait,
que l'homme naît en société, et que dès lors c'est pour lui
un milieu indispensable, sur la nature duquel il est inutile
de disserter. Parle-t-on de l'air qu'il respire ?

La théorie du contrat social prend pour base de l'État
la liberté humaine, et le définit : une association volontaire.

Cette école raisonne ainsi : quels qu'aient été les débuts
de l'humanité, qu'on adopte l'origine monogéniste ou poly-
géniste, l'individu ou le groupe se sont trouvés un jour
en présence d'un autre individu ou d'un autre groupe. Il
leur a fallu, ou partager, ou se disputer le produit de leur
travail ou de leur chasse. L'humanité primitive a présenté
ainsi des alternatives de luttes, puis de concorde précaire,
de violences mêlées de contrats.

Est-ce la sociabilité qu'on dit naturelle à l'homme, et
par laquelle on l'a même défini, qui a poussé l'individu au
contrat, ou n'est-ce pas plutôt l'impérieuse nécessité de
l'entente pour la défense et pour la vie ? Les opinions diffèrent. Cependant la science contemporaine expliquerait
plutôt la sociabilité par la fréquence du contrat, d'abord
raisonné et volontaire, et devenu ensuite inconscient dans
l'habitude et dans l'hérédité.

Cette conception n'empêche pas de faire la part des violences inévitables. Mais même dans la soumission à un
maître, la volonté a pu être déterminée par l'espoir en une
protection plus efficace, la sécurité des lendemains, ou la
crainte d'un mal pire.

Bluntschli, qui attaque cette théorie, dit en substance « qu'on n'a jamais connu d'État contracté par la convention de citoyens égaux, comme on crée une société de commerce, et que, partout, l'histoire nous montre que l'individu, avant qu'il puisse exprimer une volonté propre, naît membre de l'État ». On peut répondre qu'en ce cas on préjuge son consentement, car l'individu accepte plus tard le fait accompli, soit expressément, en remplissant ses fonctions de citoyen, soit tacitement, en continuant à vivre volontairement en société.

Soumettre l'État au régime volontaire, a-t-on encore objecté, n'est-ce pas en décréter l'instabilité ? N'est-il pas à craindre qu'un mutuel dissentiment vienne éteindre un jour l'obligation résultant du contrat, et que l'anarchie s'ensuive ? Non, car il faut supposer que la raison, qui a décidé l'homme à contracter, lui montrera tous les avantages qu'il retire de l'état social, et le confirmera de plus en plus dans le ferme propos de s'y tenir. Les mobiles supérieurs qui ont décidé l'homme à contracter croîtront bien plutôt en nombre et en importance, et le lien social, loin de s'affaiblir, tendra bien au contraire à se resserrer toujours davantage.

Voilà, développée dans ses principales lignes, la doctrine du contrat. On doit pourtant reconnaître que, chez une partie de ceux qui défendent ces principes, le contrat est plutôt présenté comme un idéal vers lequel on doit tendre, vers lequel, même, assure-t-on, tend l'État moderne, que comme une constante vérité historique.

Cette doctrine est celle de la Constituante. Elle a servi de base aux doctrines libérales comme aux doctrines autoritaires, aux raisonnements d'Hubert Languet et de Bodin comme à ceux de Suarez et de Rousseau, ces derniers annulant leurs principes, l'un avec la thèse de l'aliénabilité de la souveraineté, l'autre avec la tyrannie de la volonté générale.

Cependant, malgré ces divergences, et bien d'autres encore, cette école est celle de la liberté individuelle. M. Beudant, dans son magistral ouvrage sur le droit individuel et l'État, en a heureusement résumé l'esprit : « L'autorité n'est plus le droit propre d'un souverain.... On la considère comme résultant de la soumission réfléchie des sujets, comme sortie de la volonté et du consentement des intéressés. La souveraineté, dès lors, est d'institution humaine.... Elle est essentiellement limitée, puisque l'homme, en l'instituant, lui assigne sa mission et circonscrit par là même ses attributions ». Et encore : « Le droit populaire collectif implique à sa base le droit individuel de chacun. L'homme devient le centre de la société civile, il est la source du pouvoir..... »

Cette doctrine, qui tient encore dans la science française une place considérable, s'est vue supplantée en Angleterre et en Allemagne, et fortement attaquée chez nous par la thèse assurément séduisante de l'organisme social.

Cette opinion fort en honneur, nous l'avons dit, en Allemagne et en Angleterre, s'attache à la notion de la nature réelle de la société, dans laquelle elle découvre, non plus seulement comme Rousseau des rapprochements avec les êtres animés, mais un organisme vivant et même conscient.

Bluntschli, dans sa *Théorie générale de l'État*, dit qu'un

tableau, une statue, ne sont pas la simple juxtaposition de gouttes d'huile de couleur ou de parcelles de marbre, que l'homme n'est pas davantage la simple somme de ses cellules, et que, de même, la nation est autre chose que la somme des citoyens régis par des institutions externes.

Dans cette théorie, la souveraineté appartient à l'être vivant, qui est l'État, « à l'ensemble organisé avec sa tête et ses membres, âme vivante de la personne de l'État », dit encore Bluntschli.

Cette conception, admise absolument, entraîne l'absorption complète de l'individualité dans le tout, la négation du droit individuel au profit du droit social. Tout devient alors permis à l'État.

Elle légitime toutes les usurpations, toutes les révolutions heureuses, qui sont proclamées des modifications naturelles de l'organisme social.

Telle est la théorie d'Hegel, et chez nous d'Auguste Comte, qui en a du reste jeté les premières bases.

Il faut bien le dire, chacune de ces théories, si dissemblables en apparence, contient une part de réalité.

Sans doute l'idée du contrat est séduisante et c'est de ce type idéal que tendent à se rapprocher les sociétés modernes.

Qu'est-ce donc que nos gouvernements parlementaires, sinon un acquiescement perpétuellement renouvelé aux principes sur lesquels repose la société moderne ?

Dans le passé, il est bien évident aussi que l'humanité primitive a connu des périodes contractuelles, entrecoupées de violences, et l'on peut dire que l'œuvre de la civilisation a surtout consisté à rendre de plus en plus longues ces périodes d'entente.

D'autre part, la société est un organisme : comme l'être vivant, composé d'un nombre infini d'infiniment petits, il est composé des cellules individuelles ; comme dans l'être vivant, ces cellules, tantôt libres comme les globules du sang, tantôt groupées en tissus et en organes, vivent, et concourent à la vie du corps organisé. Ce sont, en matière sociale, les individus, les familles, les associations, qui vivent individuellement et en même temps concourent, par leur groupement harmonieux, à la vie de l'ensemble.

L'organisme social offre les principaux caractères de l'organisme vivant. Il comprend en effet tous les caractères généraux des corps vivants :

D'abord, les caractères matériels comprenant toutes les transformations excitées et entretenues par les influences extérieures. La molécule, l'homme, s'y succède, s'y rénove incessamment : c'est la circulation de la matière. Le corps social s'accroît, comme le corps vivant, par intussusception non par apposition, comme la matière brute.

Puis les caractères dynamiques : la société est un principe de force qui se traduit par du mouvement, comme chez l'être vivant qui transforme en forces vives des forces d tension.

Enfin, les caractères organiques : la société, comme l'être vivant, est organisée, composée de parties très distinctes, mais coordonnées. C'est ce qu'on a appelé en physiologie l'hétérogénéité organique.

Qu'on définisse la vie comme on voudra, toujours cette définition s'appliquera au corps social.

Qu'on l'appelle avec Aristote l'ensemble des opérations de nutrition, de croissance et de destruction, avec Béclart l'organisation en action, avec Flourens une forme servie par la matière, avec Littré l'activité de la substance organisée, toujours la définition s'applique, malgré les différences d'écoles, animistes, vitalistes ou mécanistes, d'où procèdent ces divers points de vue.

Il n'est pas jusqu'aux caractères de la mort qui ne s'appliquent à l'organisme social : la vie locale subsiste après la mort individuelle comme la vie provinciale ou municipale survivent à l'anéantissement de l'État.

Il nous semble dès lors inutile de faire un pas de plus, et de nous demander comme d'autres, si la société vit physiologiquement.

Nous ne cherchons qu'à déduire, des caractères certains que nous avons observés, les lois que nous voulons appliquer. Du fait que, par exemple, la loi darwinienne s'applique au langage, doit-on conclure que le langage est, lui aussi, un organisme vivant ?

On voit, par les nombreuses ressemblances existant entre l'être vivant et la société, combien l'étude de l'un peut servir à expliquer l'autre.

Ceux qui nient toute assimilation prétendent que, loin d'être une cellule du corps social, l'homme est une personnalité indépendante de la société, et qui peut fort bien se passer d'elle. Or, la vérité est que l'homme est l'un et l'autre. Le lien qui le rattache à la société, pour être invisible, n'en est pas moins réel, et nous essayerons d'établir, dans la section suivante, la large part qui revient à la société dans le développement humain.

On ne saurait d'ailleurs nier certaines différences entre l'organisme vivant et l'organisme social. Le premier présente une continuité extérieure qui en fait un tout matériellement perceptible. Le lien qui unit les différentes parties de l'organisme social est, au contraire, immatériel et tout de raison. Dépendant d'une opération intellectuelle et non du témoignage des sens, il ne s'impose pas au même titre indéniable que l'organisme vivant.

Et puis l'homme, ensemble et résultante des cellules de son propre organisme, ne se conçoit qu'avec difficulté, devenu cellule à son tour, dans l'organisme social.

Diverses synthèses ont été proposées entre les deux théories rivales. M. Fouillée a imaginé celle fort ingénieuse de l'organisme contractuel. M. Vacherot, sous le nom synthèse naturelle, en a également poursuivi la conciliation. Toutes ces idées sont fort soutenables.

Parmi les deux théories en présence, l'une, avons-nous dit, donne à la société une origine volontaire, l'autre une origine naturelle.

La seule question qui se pose est celle de savoir s'il y a, entre ces deux termes, une opposition irréductible. Si nous démontrons qu'il n'existe, entre le caractère volontaire et le caractère naturel, qu'une opposition apparente et toute verbale, la synthèse sera facile.

Nous croyons que l'association humaine a été bien plutôt déterminée que volontaire, du moins dans l'acception spiritualiste. La véritable liberté consiste en effet beaucoup moins, à notre avis, à vouloir n'importe quoi, qu'à vouloir en connaissance de cause. Or des mobiles tout puissants ont poussé l'homme à contracter association.

Déterminé fatalement à l'association, la forme même de l'organisme a dû s'imposer également à lui, comme adéquate à sa nature. Nous ne prétendons pas que cette conception se soit présentée à lui en connaissance de cause. On nous opposerait, par exemple, qu'on n'a pas attendu la découverte d'Harwey pour exercer le commerce, auquel Spencer assigne cependant la fonction du système circulatoire dans l'organisme vivant.

Veut-on contester cette idée sous prétexte qu'elle fait à l'inconscient une trop large part ? On admettra tout au moins comme démontrable que toutes les sociétés qui n'ont pas, dans leur formation, réalisé le type de l'organisme vivant, ont tôt ou tard succombé, soit qu'elles se soient dissoutes seules, sous l'empire des lois naturelles, soit qu'elles aient été détruites par d'autres, mieux armées pour la vie : Il en est, en effet, des sociétés comme des individus.

Donc l'homme s'est vu déterminé par des mobiles inéluctables à établir un régime social ; son intelligence, produit de son organisme, n'a pu logiquement concevoir un état différent de ses origines, et en admettant qu'un état de ce genre ait pu être conçu, les lois naturelles en ont eu raison.

Mais on a été plus loin encore dans la voie de l'assimilation : on a voulu accorder à l'organisme social, avec les caractères de la vie, la conscience.

Lui accorder la conscience serait, a-t-on dit excellemment, faire de la métaphysique. Sans compter que la conception de l'État comme personnalité réelle aurait plutôt son idéal dans une monarchie absolue que dans un gouver-

nement parlementaire. Supposant en effet une volonté supérieure à celle des gouvernés, il deviendrait la justification scientifique de la tyrannie.

Réservons la conscience à l'individu qui a créé l'organisme, et qui place au pouvoir les individus chargés de
penser et d'agir au nom du corps social.

A quoi nous servirait au surplus de donner la conscience
à l'organisme social? Nous avons essayé de démontrer que,
physiologiquement, il possède tous les caractères de l'être
vivant, et qu'il est ainsi soumis aux lois naturelles de
l'existence. Nous n'en voulons pas davantage. De ce principe découlent des conséquences nombreuses et inévitables.
Nous développerons plus tard celles qui ont trait à notre
sujet.

M. Herbert Spencer, parti de la conception absolue de l'organisme social, a évité les conclusions de prédominance
absolue de l'État qui en sont la conséquence logique, en
établissant une différence, qu'il ne justifie pas d'ailleurs,
entre l'organisme social et l'organisme vivant : « dans
l'un, dit-il, le tout a pour fin le bonheur des parties ; dans
l'autre, les parties ont pour fin le bonheur du tout ». C'est
à notre avis se payer de mots.

M. Alf. Jourdan n'en a pas moins jugé cette formule
assez heureuse pour se l'approprier dans un livre, d'ailleurs remarquable et couronné par l'Institut, dont le titre
est : *Du rôle de l'État dans l'ordre économique.*

La théorie que nous venons de développer nous permettra du moins de respecter sans inconséquence la liberté
individuelle. L'organisme social étant, dans notre système,
une création individuelle, il est naturel que sa fin soit le

bonheur des individus. On n'admettrait pas que l'individu créât de lui-même une organisation destinée à l'amoindrir et à l'opprimer.

SECTION II. — L'INDIVIDU ET L'ÉTAT.

Nous allons chercher à établir l'étendue des sacrifices que l'État, tel que nous l'avons défini, a le droit strict d'exiger de l'individu.

Sur cette question, les systèmes les plus divers se sont donné libre carrière, les uns défendant exclusivement les droits de l'État, les autres apportant la même âpreté à la défense des droits de l'individu, d'autres établissant des systèmes, excellents en théorie, mais dont les pratiques les plus opposées ont pu tour à tour se recommander. Certains, enfin, repoussant résolument des principes aux conséquences aussi variables, et partis sans vues arrêtées, n'ont obéi qu'à des préférences irraisonnées, et leurs solutions n'ont rien à démêler avec la science.

M. Beudant, partisan irréductible du droit individuel, classe ainsi les partis en présence : « Les uns partent du principe d'autorité ; ils livrent au pouvoir politique la direction de la société au nom de quelque donnée objective, et, par suite, sacrifient la personnalité humaine au droit social... Les autres partent au contraire du principe de l'individualité ; ils considèrent l'homme comme étant à lui-même la source de son propre droit ; ils récusent par suite l'ingérence de l'État dans les rapports privés, et laissent à la liberté la direction des choses humaines ».

Cette citation indique suffisamment les préférences du

savant auteur, et prépare la définition qu'il donne plus loin
de l'État : « Un droit de défense personnelle transportée à
une force publique au profit de la liberté commune ».

Voilà, bien nettement exposée, la thèse de l'État minimum. Cependant, parti, comme l'auteur, du principe individualiste, nous essayerons de démontrer que la conception
d'un État prépondérant n'a rien d'incompatible avec nos
prémices.

D'abord nous croyons, contrairement à l'opinion de
M. Spencer, partisan, on le sait, de la restriction de l'État,
que la forme vers laquelle nous avançons n'est pas « celle
dans laquelle le gouvernement sera réduit et la liberté
accrue ». Cette théorie qui se réclame de l'évolution nous
y semble absolument opposée.

L'anarchie, en effet, est au début de toute civilisation,
et c'est par l'apparition et le développement du pouvoir régulateur de l'État, qu'on passe de l'état de barbarie à l'état
de civilisation. Or l'école individualiste, avec ses tendances à désarmer l'État au profit de l'individu, nous amène-
rait vite au règne individuel, au régime de la force où l'ap-
pétit remplacerait la justice. Aussi a-t-on pû dire, avec
exactitude, que l'école anarchiste n'était que la caricature
de l'école individualiste. A la lutte individuelle pour la vie
succède l'État, association pour la vie. Ceux qui, ne tenant aucun compte de la situation nouvelle, et tirant d'une
part tous les avantages de l'état d'association, continuent
d'autre part l'état de lutte, sont des réfractaires, et n'ont
pas leur place dans une société scientifiquement organisée.

De plus, la thèse de l'organisme social, telle que nous

l'avons défendue, nous amène à des assimilations que nous ne ferons qu'indiquer. Dans l'organisme humain, tous les organes se trouvent en antagonisme et en équilibre tout ensemble : l'antagonisme naît de la vie propre de chaque organe, et l'équilibre de sa coordination au tout. Il en est de même dans l'organisme social : les fonctions de l'État, de l'association, de la famille et de l'individu s'y rencontrent sans s'exclure, et de leur antagonisme équilibré, naît l'ordre social. Mais il faut, pour maintenir cet équilibre des antagonismes, un pouvoir régulateur suffisamment fort.

L'école individualiste tient-elle d'ailleurs assez de compte de la conception moderne de l'État, créé par l'individu pour la garantie de ses droits, et l'augmentation de ses forces ? Acceptant ce principe qui, dans nos gouvernements modernes, a la valeur d'un axiome, n'en rejette-t-elle pas les conséquences ? Elle continue à voir dans l'État moderne, l'ennemi, le mal nécessaire qu'on doit réduire au minimum. Or, tout en n'accordant au suffrage universel qu'une autorité toute relative, et en plaçant la Souveraineté bien au-dessus de lui, dans la concordance entre la loi et le développement scientifique, nous croyons que la puissance de l'État n'est nullement en contradiction avec la liberté des citoyens, si ce sont les citoyens libres qui ont voulu un État puissant. La liberté individuelle, déterminée par les facteurs nécessaires que nous avons indiqués, est prépondérante dans le mode de direction de l'État comme dans sa constitution. Qu'on tente de modifier le tempérament des individus, qu'on leur apprenne à se suffire, à se passer de l'État, rien de mieux, mais on ne peut rien directement contre un état social basé sur les mœurs. Pourquoi d'ailleurs présumer la volonté des individus, croire qu'en toute occasion ils préféreront toujours la liberté, et qu'ils ne verront pas parfois qu'elle aboutit, surtout pour certains, à la permission d'opprimer autrui?

Nous avons raisonné jusqu'ici comme si la liberté individuelle et l'État étaient en antagonisme perpétuel, supposant exacte l'idée pour la première fois formulée par Bentham : « Les Gouvernements semblent ignorer que tous les droits existants sont contraires à la liberté, ainsi que les lois ». Cette théorie est si profondément entrée dans les idées qu'on la suppose démontrée. Historiquement, tout gouvernement, dit-on, confisque en s'établissant des libertés individuelles, et il existe, entre les termes de gouvernement et de liberté, une opposition que l'art de ceux qui gouvernent doit se borner à rendre moins irréductible.

Nous voudrions démontrer que cette conception est, nous ne dirons pas trop absolue, mais erronée.

Toute civilisation s'analyse en deux termes : elle produit un accroissement de la vie individuelle, en même temps que de la vie sociale. Ces deux termes, loin d'être contraires, sont inséparables.

L'accroissement de vie sociale qu'elle amène semble, il est vrai, une compression de l'individu, qui contracte l'obligation de faire ce qu'auparavant rien ne l'obligeait à faire, ou réciproquement. Mais il faudrait voir, avant de se prononcer, quelle compression résulterait de l'absence de toute règle, et mettre en balance ce qu'il perd avec ce qu'il gagne.

L'individu doit tout à la société. Il lui appartient malgré

lui par toutes les empreintes dont l'ont marqué les générations précédentes. Non seulement son organisme de plus
en plus affiné, mais le milieu favorable, tout ce qu'il est,
tout ce qu'il a, est de création sociale.

Que si on nous objecte que dans notre état social un grand
nombre manque de nécessaire, que pour eux l'association
n'a été qu'une duperie, qu'un nouvel esclavage sans même
l'existence assurée, nous répondrons que c'est peut-être aux
solutions trop exclusivement libérales qu'on pourrait faire
remonter un peu de la responsabilité d'un semblable état
de choses. On a proposé comme remède un État puissant
basé sur la justice, plutôt que sur la liberté.

Le progrès augmentera du reste, toujours et d'un mouvement fatal, les attributions de l'État. En effet, plus se
développe le progrès, plus se compliquent les rapports sociaux, plus nombreuses toujours surgissent les questions
nouvelles, inconnues hier, les inventions nouvelles, grosses
de conséquences économiques, qui appellent l'intervention
législative. D'autre part l'accroissement même de la puissance individuelle entraîne l'accroissement parallèle de la
puissance publique qui, née des droits de l'homme, se développe naturellement avec eux.

Qu'il y ait des excès commis, que l'État franchisse parfois la limite de ses attributions élargies, il ne faut pas trop
s'en inquiéter. L'individu saisira la première occasion de
le rappeler à la notion exacte de ses attributions. Il est bon
qu'il y ait conflit, afin de délimiter exactement les frontiè-
res variables du domaine réservé à chacun.

L'idée, qui a semblé d'abord paradoxale, d'un État puissant conciliable avec l'individu libre, a été soutenue, il y a quelque temps déjà, et avec une grande élévation de pensée, par M. Dupont-White dans des livres d'une puissance de style singulière. Ce fut alors une voix presque isolée, disparate au milieu des clameurs d'une opposition qui réclamait la liberté violemment confisquée.

C'est même aux écrits de cette époque que nous devons aujourd'hui toutes les libertés qui n'ont remédié à rien, et dont tant d'entre nous sont las.

Nous voudrions citer en entier les passages si nombreux de « l'Individu et l'État », et de la préface de « la Liberté » de Mill, où la pensée s'exprime avec une force de conviction et une netteté que semblent fuir la plupart de nos penseurs modernes.

Citons au hasard : « Il n'y a pas antithèse entre l'État et la liberté. L'État est cette forme d'autorité qui paraît dès que l'homme est soustrait au pouvoir de l'homme, et qui se déploie dès qu'un abus de la force est à prévoir ou à redouter ».

« L'homme est libre, même quand il est obligé de respecter le droit égal de ses semblables. L'État ne fait pas autre chose qu'imposer ce respect. La liberté et l'État, c'est-à-dire la vie et la règle peuvent croître parallèlement ».

Et ailleurs : « C'est le fait du progrès de confier au gouvernement plus de faiblesses à protéger, plus d'égoïsmes à réprimer... Toute œuvre humaine relève du droit, et laissée seule, le violerait avec ivresse... Dans la cité, les hommes s'associent pour le droit, créant un organe de droit qui est l'État. Est-ce que la règle posée par l'État est une diminution de l'individu ? Règle est synonyme de liberté ; la discipline des uns est la sûreté des autres. Elle ne gêne que pour l'abus, et donne plus de puissance qu'elle n'inflige de limites ».

Voilà, à notre avis, les véritables principes. Nous savions ne pouvoir mieux terminer ces préliminaires indispensables, qu'en faisant ces citations que nous nous sommes permises, au risque d'être taxé d'impersonnalité. Nous avons pensé qu'il n'était que juste de restituer à leur auteur ces idées qui reprennent faveur, et que ceux qui les exposent aujourd'hui semblent avoir découvertes. Nous avons voulu également montrer, qu'à côté des rêveries de la génération qui nous précède, il y a des œuvres puissantes, que l'oubli atteignit un instant, parce qu'elles ne cherchaient pas les faciles succès de l'originalité quand même, ou du scandale.

Nous avons négligé l'argument patriotique qui ne nous arrêtera pas longtemps. Cependant M. Spencer lui-même avoue (page 161 *de l'Individu contre l'État*), qu'on ne conserve une situation dans le monde qu'avec un gouvernement fort. La liberté individuelle est limitée par la nécessité impérieuse de la conservation, et du développement de l'État, longtemps encore indispensable à la conservation de l'individu comme citoyen libre. Pas plus à l'intérieur qu'à l'extérieur, nous ne sommes mûrs pour le régime que M. Vacherot appelle, avec quelque ironie, la pacifique anarchie des honnêtes gens.

Tels sont les principes. Mais, fort heureusement, l'antinomie qui éclate dans la doctrine ne se retrouve pas aussi nette sur le terrain de la pratique, car des faits irrésistibles viennent à chaque instant faire fléchir les principes,

au grand déplaisir des uns qui espèrent, tout en se soumettant à la nécessité du moment, que la véritable doctrine,
celle qu'ils défendent, reprendra le dessus; à la vive satisfaction des autres qui rapportent à leurs théories ce qui
revient au fait.

L'exemple de l'Angleterre, ce pays classique de l'individualisme où l'on voit tous les jours s'accroître les attributions de l'État, semble concluant.

En somme, il faut éviter les extrêmes de l'anarchie et
du despotisme, et chercher dans le milieu, dans les circonstances, une combinaison qui satisfasse à la fois la légitime autorité de l'État, et la respectable liberté de l'individu.

Un gouvernement laissera donc à la liberté individuelle
une importance variable. M. Benoist, dans un ouvrage
empreint d'une rare indépendance, bien que peut-être un
peu trop dénué de principes, en donne cette heureuse formule : « Cette importance est déterminée, pour l'État par
les besoins de la vie individuelle, et pour les individus par
les nécessités de la vie sociale. La liberté est le rapport de
ces besoins à ces nécessités, et un gouvernement est libéral
dès qu'il n'empiète pas au delà ».

CHAPITRE II

Nous entrons maintenant dans le vif du sujet, et nous allons essayer, après avoir défini et analysé l'association, d'appliquer à la question les principes qui précèdent.

Mais d'abord s'élève une objection préjudicielle : faut-il édicter pour les associations de toute nature une législation générale, quitte à établir plus tard des lois particulières, applicables à des situations également particulières ? Ou bien, ne serait-il pas préférable de faire, sur chaque nature d'association, une loi serrant de plus près la réalité, et puis, plus tard, quand toutes les lois particulières auront prévu tous les cas, d'établir enfin, passant du particulier au général, la loi-synthèse de l'Association ?

Cette dernière méthode aurait pour elle la logique. Elle rendrait également plus facile la tâche du législateur, saisi de la question depuis le 8 mars 1871, et dont on attend encore aujourd'hui la décision.

Malheureusement, à l'exception de la loi de 1884, détachée d'un projet général, et de quelques autres lois particulières, la méthode *à priori*, genre français par excellence, l'a jusqu'à présent emporté, produisant les tentatives malheureuses dont nous ferons plus loin l'histoire.

Nous suivrons, malgré tout, le législateur sur le terrain qu'il lui a plu de choisir, tant au moins qu'il restera lui-même conséquent avec la méthode qu'il a adoptée. Mais

notre but sera moins d'essayer de déduire les éléments
d'un projet de loi, que d'envisager les problèmes que soulève la question telle qu'elle est posée.

Dans la difficulté que présente une législation unique à
appliquer à tant de situations différentes, il faudra établir
un droit commun assez large pour tout comprendre, et, il
faut bien l'avouer, assez *général* pour ne pas risquer d'être
démenti par les lois particulières qui suivront.

SECTION I. — NATURE DE L'ASSOCIATION, SES AVANTAGES ET
SES INCONVÉNIENTS.

On a défini l'association : une organisation d'individus
concentrant leurs efforts vers une fin commune.

L'association est une organisation, non une juxtaposition
d'individus. Elle n'est donc pas uniquement la somme de
ses membres.

Nous avons déjà trouvé, en parlant de l'État, que l'organisation produisait une situation nouvelle, génératrice de
pouvoir public. Ici aussi nous trouvons les caractères naturels suivants : un accord de volontés individuelles, formant une unité morale indépendante de l'individu, et s'im-
posant à lui.

C'est ce caractère d'entité distincte et impérieuse qu'on
rencontrera, toujours et quoi qu'on fasse, dans toute association, et il faudrait, pour en déclarer l'inexistence, une
fiction autrement forte que celle, en sens contraire, d'après
laquelle la personnalité civile des associations est à la discrétion des pouvoirs publics.

L'État, je m'empresse de le dire, peut avoir ses raisons

de refuser à cette entité indéniable la personnalité qui lui créerait un état juridique. Ce mode de traitement fait même partie du régime spécial proposé. L'association n'en sera pas moins, tant qu'elle ne sera pas dissoute de fait, un être moral essentiel, contre lequel l'État ne peut rien, dans cet ordre d'idées, sinon ne pas le reconnaître légalement.

La thèse que nous avons avancée au début, que l'association est un développement de la liberté individuelle, ne contredit nullement ce qui précède. C'est une forme particulière de liberté individuelle, productrice de pouvoir public, au même titre, quoique à un degré moindre que l'État, dont elle est d'ailleurs une forme affaiblie, et sur laquelle l'État doit, en cette qualité, avoir un droit supérieur de surveillance.

Ce caractère affaibli de pouvoir public qui se présentera toujours, peut être aggravé encore, dans certaines associations, par une organisation intérieure coercitive. Car, il faut bien le dire, la liberté au nom de laquelle on réclame le droit absolu, ne règne pas toujours dans les associations, même librement formées dès l'abord, et ce n'est pas non plus toujours la liberté qu'elles répandent autour d'elles.

Les rédacteurs de la constitution de 1848 avaient prévu les excès de cette liberté, quand, après l'avoir proclamée dans leur article 8, ils ajoutaient aussitôt « que ce droit avait pour limite la liberté d'autrui et la sécurité publique».

On a pu voir, dans les grèves récentes de Pensylvanie, l'exemple frappant d'un double caractère de coercition. Les syndicats qui avaient décrété la grève, et qui empêchaient d'une part leurs adhérents de reprendre le travail, s'opposaient d'autre part à l'embauchage d'ouvriers non syndiqués qui acceptaient des salaires inférieurs. Ici la liberté d'association a produit, par une double tyrannie, la division des ouvriers en deux camps, et posé ainsi une nouvelle question ouvrière à côté de la première.

La jurisprudence française ne nous a-t-elle pas, elle aussi, fait connaître, en les sanctionnant, les agissements tyranniques d'un syndicat envers un ouvrier isolé ?

Nous pourrions également, dans un autre ordre d'associations, citer des exemples moins bruyants, mais tout aussi instructifs.

Aussi, ce caractère coercitif a tellement frappé certains auteurs, qu'ils font, de l'élément volontaire existant dans toute association, la base du traitement qu'on doit suivre à son égard. M. de Fontenay, dans un article remarqué du *Journal des Économistes* (octobre 1883), avance que c'est la liberté dans l'association qui est la caractéristique de son innocuité, et que, plus il y aura de liberté laissée par les statuts aux associés, plus le pouvoir gouvernemental devra laisser de liberté à l'association elle-même.

Nous irons plus loin, et nous dirons que toute association où se présente le caractère coercitif, empiète par cela seul sur le pouvoir de l'État, et ne saurait, en cette qualité, coexister avec une puissance publique digne de ce nom. La grande préoccupation de l'État devrait être d'empêcher de se produire ce caractère destructif de ses droits, ou, s'il se produisait, de le réprimer avec la dernière rigueur.

Ces réserves établies, nous pouvons énumérer les avantages de toutes sortes que possèdent les associations, et ceux aussi qu'on leur attribue. Mais, afin de ne pas nous perdre dans l'infinie variété des détails, nous chercherons, tout en n'omettant rien, à passer rapidement.

L'homme seul, a-t-on dit, est faible. M. Taine a dédaigneusement traité de poussière d'individus désagrégés les unités éparses que rassemble le seul lien de l'État : l'association est une multiplication de l'énergie humaine.

Si l'individu est souvent insuffisant, l'État, d'autre part, ne remplit pas tous les offices; il en est même qu'il ne saurait remplir. L'association devient alors la forme excellente qu'affecte l'activité individuelle.

L'homme passe et meurt ; les grands projets lui sont interdits. L'association, au contraire, peut vivre indéfiniment.

La famille n'a plus sa cohésion d'autrefois, et tend même à perdre de jour en jour un peu de la force qui lui reste. L'association deviendra une sorte de famille d'élection qui viendra s'interposer entre l'État tout puissant, et l'individu isolé.

L'esprit d'association est inhérent à la nature humaine: c'est lui qui a fondé la société. L'arrêter net serait, de la part de l'État, faire preuve d'une suspicion injurieuse, s'attaquer aux sources de son principe vital, et heurter de front un des penchants les plus profonds de la nature humaine.

L'exercice du pouvoir lui-même est facilité par l'association, qui simplifie les rapports que l'émiettement individuel rend au contraire plus difficiles.

C'est parce que l'État doit se développer fatalement qu'il faut que l'association se développe dans la même mesure. C'est dans ces deux développements parallèles que l'individu trouvera la garantie de sa liberté.

Un fait incontesté, c'est que rien n'est favorable à la production comme la division du travail. Or, qu'est-ce que l'association sinon un état social rendant possible la spécialisation des tâches, et par conséquent produisant, pour un même effort, une somme plus considérable de bien-être matériel et moral ?

Certains enfin, ont vu dans l'association le remède aux maux dont se plaint la classe ouvrière. Dans un discours prononcé à Notre-Dame-du-Bois, le 25 juillet 1869, Mgr Ketteler, après avoir constaté que la suppression des anciennes corporations a isolé l'ouvrier, et l'a abandonné à ses propres forces, ajoutait : « En face de lui par contre s'est levée la puissance de l'argent, d'autant plus dangereuse que ses tenants en usent sans conscience, c'est-à-dire pour l'unique satisfaction de leur égoïsme. Les principes économiques modernes ont eu des effets tout opposés selon qu'ils s'appliquaient à la force humaine dans le travailleur, ou à la force financière dans les mains du capitaliste. Comme je viens de le dire, l'ouvrier avec sa force fut isolé, tandis que la puissance du capital fut centralisée. La classe ouvrière fut dissoute, et il ne resta plus que des ouvriers épars..... L'association humaine a été détruite, et nous avons vu à sa place l'association financière prendre une extension formidable. De là sont résultées les conséquences les plus terribles pour la classe ouvrière.... L'Angleterre, d'où est parti le mal, donne aujourd'hui une impulsion puissante pour l'union et l'organisation des travailleurs contre cet écrasement de la force humaine par la puissance de l'argent. De là, le mouvement s'est répandu dans le monde entier. Et cette tendance à organiser les ouvriers,

pour faire triompher, par la communauté des efforts, leurs
intérêts et leurs droits, est dès lors justifiée et salutaire,
voire même nécessaire, afin que la classe ouvrière ne soit
pas totalement écrasée par la puissance de l'argent centra-
lisé ».

Cette citation nous a paru instructive en ce qu'elle montre le rôle à prendre par l'association des personnes, en face
de l'association des capitaux.

Mgr Ketteler demande, pour arrêter la lutte entre le capital
et le travail, l'établissement de sociétés coopératives d'ouvriers, libres et privées, et alimentées d'abord par la charité. Lassalle, partisan en principe de la même solution,
veut que le pouvoir intervienne et les subventionne, à l'aide
d'une banque d'État. L'idée est la même au fond : c'est
l'association qui est le remède à la situation actuelle, et
qui doit résoudre la question sociale.

Nous avons voulu donner à notre dernier argument un
développement proportionné à son importance actuelle ;
nous n'y ferons aucune réserve.

Il existe encore d'autres avantages ; ils sont énumérés
partout, et notamment dans les exposés de motifs des propositions, même contraires à la liberté. Nous passerons donc
aux inconvénients inévitables, qui, s'ils doivent appeler
l'attention de l'État, sont en somme beaucoup moins graves que les avantages ne sont réels.

D'abord, l'association est exclusive. Elle tend, surtout
professionnelle, à considérer comme ennemis ceux qui n'en
font pas partie. Elle se donne même le change sur son propre égoïsme, qui chez elle, par une sorte de perversion mo-

rale, s'appelle esprit de corps. On voit ainsi naître, dans certaines sociétés, une moralité de corps différente de la moralité courante. Il y a une morale spéciale pour les voleurs, pour les joueurs, etc.

L'individu, poussé par un sentiment louable de charité ou de patriotisme, sacrifiera parfois, dans une certaine mesure, son intérêt au bien général. Il ne faut en général demander rien de pareil à des individus associés, car il suffit qu'un seul s'y oppose pour arrêter net la spontanéité des autres. On a récemment cité à la tribune l'exemple instructif de la Banque de France, qui refusait toute avance au Gouvernement de Bordeaux, pendant que, dans les départements envahis, les listes de souscriptions se couvraient de signatures.

L'association est du reste, moins qu'on ne le croit généralement, un agent de progrès. Son régime intérieur en fait plutôt un instrument d'opposition à toute innovation qu'un levier pour l'action. Il en est de même en cette matière que dans celle qui précède : un seul opposant suffira pour gagner les autres à son avis. On doit cependant reconnaître que nul, mieux qu'elle, n'est apte à mettre en œuvre une idée féconde trouvée par l'individu.

Sa responsabilité est nulle, ou du moins fort atténuée. On cherche un homme, a-t-on dit ; on trouve un rouage.

Elle a sur l'État, à un certain point de vue, une grande infériorité de composition. L'État forme un tout complet, embrassant sous sa direction supérieure toutes les professions et castes sociales, toutes les religions et différentes races. L'association au contraire ne peut se former qu'entre gens qu'un intérêt particulier, matériel ou moral, rassemble. L'État est donc un instrument d'unification et de fusion, l'association un instrument de particularisme et de division.

Il en résulte, à un autre point de vue, que tous les éléments contraires que renferme l'État sont en lutte permanente, et viennent parfois s'annihiler au point de rendre toute direction impossible. L'association, au contraire, formant un tout homogène, où chacun poursuit le même but, est infiniment plus forte, et les craintes qu'elle peut de ce chef inspirer au pouvoir sont trop souvent justifiées.

La répression des délits d'association peut provoquer une émeute. Rien de pareil à craindre pour la répression individuelle.

Enfin, placée entre l'État et l'individu, elle ne pourrait, en cas d'absolue liberté, qu'absorber à son profit les droits de l'individu ou les pouvoirs de l'État. L'État est armé pour se défendre, mais que peut l'individu isolé contre un corps puissant et envahisseur ?

SECTION II. — RÉGIME GÉNÉRAL DE L'ASSOCIATION.

On voit que, si les avantages des associations sont importants et nombreux, les inconvénients que nous venons de décrire sont assez sérieux pour appeler l'attention des pouvoirs publics. La liberté ne saurait donc, en cette matière, être aussi complète que lorsqu'il s'agit de l'individu : il nous faut une législation d'exception.

On se récrie. On prétend que le droit d'association, droit naturel au premier chef puisqu'il est antérieur aux sociétés, qui du reste en procèdent, doit être laissé en dehors de toute législation positive. On peut répondre que tous les droits naturels, la liberté individuelle, le droit de propriété, etc., sont cependant du domaine de la législation, dont la mission est de les rendre positifs, de les régler, de les restreindre même dans une certaine mesure. L'État, en rendant positifs ces droits naturels si larges et si vagues, leur donne, en précision, beaucoup plus qu'il ne leur enlève en étendue.

Et puis, l'homme civilisé est déjà associé. Il a été engagé dans l'association politique, et en admettant même qu'il n'ait pas expressément souscrit cet engagement, on peut dire qu'il l'a tacitement ratifié. Il est né dans la société constituée ; il a vécu de la vie sociale, participé à tous les avantages sociaux, profité de toutes les améliorations matérielles et morales de toutes les générations précédentes accumulées, au point que sa vie entière ne saurait suffire à l'acquitter. Qu'il s'engage à nouveau, soit, mais la grande société a le droit de savoir si son nouvel engagement ne se trouvera pas en contradiction avec le premier. L'individu ne doit pas contrarier le fonctionnement de l'association originelle, et créer, comme on l'a dit et répété, un État dans l'État.

L'État a d'ailleurs ici une situation prépondérante d'antériorité, d'importance, d'utilité générale. Armé de la puissance que lui a concédée et que lui maintient l'individu, il a le droit strict de sauvegarder sa situation, d'assurer son développement contre toutes tentatives d'amoindrissement, et le devoir de protéger l'individu contre l'oppression possible.

Enfin, s'il faut voir, suivant la conception de l'organisme, dans l'association, une accumulation de cellules réunies et formant organe, il faudra établir entre cet organe et le corps entier, un rapport de subordination assez étroit pour que le premier ne prenne pas trop de vigueur au détriment du second, car alors, loin de contribuer à la vie de l'ensemble, il tendrait à la ruiner à son profit.

Si au contraire l'organe, au lieu de prendre simplement une importance disproportionnée, mais qu'il est possible de réduire, présentait dès l'abord une hétérogénéité absolue et irréductible, il devrait être radicalement supprimé comme incompatible avec la vie de l'ensemble.

Qu'on surveille l'association, objecte-t-on encore, nous le concédons, mais qu'elle bénéficie du droit commun comme les autres individus. On sait pourtant qu'elle n'est pas un individu comme un autre. C'est un être moral évident, mais abstrait, et d'ailleurs inquiétant. Aussi l'État a-t-il parfois raison de méconnaître la personnalité, qui découlerait évidemment de l'existence de l'être moral, et même, allant plus loin, de créer pour l'accorder, une fiction qui serait cependant conforme à la réalité même. Cette attitude fait partie de son système de défense que nous exposerons plus loin.

Ce n'est pas d'ailleurs la liberté illimitée qui produira cet essor de l'association que nous appelons de tous nos vœux, mais bien plutôt une liberté réglementée. Et il faut désirer que cet essor se produise, car le progrès, résultat des efforts de tous, ne se réalisera pleinement qu'autant que tous, individu, société, État, y tiendront, chacun dans sa mesure. Nous pensons que le champ d'activité est assez vaste pour que chaque énergie personnelle ou collective y puisse évoluer à l'aise. L'État ne perdra rien en définitive à l'accroissement de l'esprit d'association : il verra au contraire ses attributions augmenter à chaque personnalité morale nouvelle.

Nous voudrions même qu'on accordât à l'association une existence assurée contre les caprices du pouvoir, une garantie véritablement sérieuse, insérée, par exemple, dans la loi constitutionnelle qui en contiendrait les principes.

Mais s'il faut protéger l'association qui poursuit des buts privés ou compatibles avec les tendances de l'État, on ne saurait tolérer d'associations politiques factieuses. L'amélioration des conditions ne contrariera jamais le pouvoir, pas plus que la poursuite avec l'État d'un but connexe, ou même étranger à ses fonctions. Il en est autrement des tentatives de destruction violente d'un ordre de chose établi.

Si la liberté absolue en cette matière était, comme certains le disent, indiscutable, elle n'aurait pas provoqué, et ne provoquerait pas encore aujourd'hui les discussions passionnées qu'elle soulève.

Lorsqu'une institution est condamnée, c'est en général sous des attaques sans défense qu'elle s'écroule. Ses derniers défenseurs l'ont abandonnée ; à peine quelques âmes généreuses ou attardées élèvent encore la voix en sa faveur. Elle tient un certain temps debout, d'elle-même, et enfin succombe à un dernier assaut. En est-il de même ici ?

Il est vrai que tout règlement de l'association présentera des lacunes, surtout un règlement par une loi d'ensemble alors que les lois spéciales sont encore à faire. Mais vaut-il mieux choisir entre les autres alternatives : l'interdic-

tion absolue, en opposition avec la nature et les nécessités humaines ; le caprice du pouvoir, régime détestable sous lequel nous vivons ; ou enfin la liberté absolue, fatale à l'État, tyrannique bientôt pour l'individu ?

Comment se manifesteront les droits de l'État ? Il faut répondre : seulement par la répression. M. Batbie a dit avec justesse que toute autorisation préalable, si libérale qu'on la suppose, est destructive du droit, et que par contre toute mesure répressive, si sévère qu'on l'imagine, est compatible avec la liberté. L'association est, à notre avis, un fait nouveau dont les pouvoirs publics doivent être avisés comme d'une naissance, et qu'ils doivent d'abord se borner à enregistrer. S'il survient plus tard un délit ou si un caractère délictueux résulte de la déclaration, son droit supérieur apparaît.

Qui sera juge des associations ? Le pouvoir judiciaire. Mais le gouvernement conservera malgré tout son action prépondérante. Il n'oubliera pas que si c'est le pouvoir judiciaire qui applique la loi, c'est le pouvoir législatif qui la fait, et parfois le gouvernement qui la propose. En cas de conflit entre son appréciation et la décision des juges, il dépendra de lui de provoquer du pouvoir législatif une disposition spéciale, qu'ils ne pourront plus qu'appliquer. Ce qui fait qu'en somme, c'est le gouvernement, soutenu par l'opinion, qui aura le dernier mot.

SECTION III. — DROIT COMPARÉ.

Nous avions pensé garder le silence sur le régime des associations à l'étranger. Outre qu'une étude un peu complète eût pu excéder les limites de notre travail, nous avions craint tout d'abord de faire fausse route en prenant des nécessités pour des principes.

Cette matière réflète en effet, dans chaque pays, plutôt les nécessités du moment que les principes d'un droit immanent. Nous nous rappelions à ce sujet les graves paroles de Burcke : « Quand les droits métaphysiques des hommes pénètrent dans la vie sociale, ils sont, à la façon des rayons lumineux pénétrant dans un milieu plus dense, détournés de leur but en vertu des lois naturelles. Plus ils sont indéniables métaphysiquement, plus ils sont contestables au point de vue politique..... ».

Enfin, pensions-nous encore, nous avons, sans sortir de chez nous, les éléments d'une étude complète de droit comparé *intérieur*.

Mais ce silence systématique aurait pu laisser supposer que nous n'avions de leçons à suivre de personne. Il n'en est malheureusement rien. Deux puissances seulement en Europe, l'une très grande, l'autre très petite, ont une législation semblable à la nôtre : partout ailleurs nous sommes distancés.

A défaut d'autre utilité, une revue sommaire nous montrera tout au moins à quel point désastreux et humiliant nous en sommes, et nous décidera peut-être à prendre enfin une résolution virile.

Ce sera d'ailleurs le seul enseignement que nous retirerons de cet examen superficiel. Nous réservons les détails pour l'étude de notre propre législation, et des tentatives faites pour la changer. Le caractère des différents peuples diffère à ce point, que les solutions, surtout celles de détail, jugées bonnes dans un pays, ou légitimées dans un autre par telle particularité, seraient la plupart du temps complètement inapplicables chez nous.

En Angleterre il n'y a que des législations d'espèces. Le principe qui ressort de l'ensemble des lois particulières est la liberté d'établissement avec des garanties plus sérieuses de publicité et de surveillance si l'association est politique, et des faveurs fiscales, sous garantie de justifications minutieuses, si l'association a un but religieux, charitable ou de secours mutuels. Seules les sociétés secrètes sont défendues par le statut de George II de 1799.

L'Allemagne est régie par diverses lois. Chacun des pays qui la composent a sa législation propre. La Constitution fondamentale de 1848 n'assujettit les associations à aucune mesure préventive. Les associations politiques sont cependant l'objet de dispositions restrictives, exagérées encore par la loi du 28 mai 1884, qui va jusqu'à interdire les associations qui auraient pour but le renversement des institutions et de l'ordre social, le socialisme et le communisme.

En Danemark, en Serbie, en Belgique, l'association n'est soumise à aucun régime préventif, et les tribunaux peuvent seuls la dissoudre.

En Suisse, le droit de s'associer existe sans autorisation quand il ne présente rien d'illicite ou de dangereux pour l'État. En Espagne, la Constitution de 1876 consacre ce droit, et ne déclare illicites que les associations que le Code pénal punit comme contraires à la morale publique, ou comme délictueuses dans leur objet. En Bulgarie, même liberté, sous réserve de ne pas porter atteinte à l'ordre gouvernemental ou social, à la religion et aux bonnes mœurs.

L'Autriche est régie par la loi du 15 novembre 1867 qui peut être considérée comme rigoureuse, mais qui est, malgré tout, incomparablement supérieure à notre législation actuelle : l'administration a le droit d'interdire la formation d'une association dans les quatre semaines de sa déclaration, obligatoire avant tout acte. Ce délai passé, l'association peut se considérer comme licite, et commencer à fonctionner. On a proposé vainement en France une disposition de ce genre lors de la discussion de notre loi de 1834.

Restent deux pays, les derniers d'Europe avec la France, où l'association est soumise au régime de l'arbitraire administratif, où, pour pouvoir vivre, elle est obligée d'en demander humblement au gouvernement l'autorisation. C'est d'abord le Portugal soumis à des lois analogues aux nôtres, l'une édictant la prohibition de notre Code pénal, l'autre les aggravations de la loi de 1834.

C'est enfin la Russie où l'on exige, sous peine d'une amende considérable, le consentement de l'autorité pour toutes associations, à l'exception de celles qui ont un but artistique, de divertissement, ou tel autre similaire.

CHAPITRE III

EXPOSÉ HISTORIQUE ET CRITIQUE.

Il semble d'abord inutile de faire après tous les traités de droit administratif, et forcément d'après eux, un historique complet des vicissitudes qu'a traversées dans le passé le droit d'association. Cependant le point de vue spécial auquel nous nous plaçons rendra peut-être instructive cette revue sommaire. On verra que, chaque fois qu'on a accordé en cette matière une liberté complète, des faits se sont passés, qui ont rapidement rendu nécessaire une intervention législative énergique en sens contraire.

Sous l'ancien régime, on peut dire que la liberté d'association n'existait pas. Domat, à la fin du XVIIe siècle, écrit que « les communautés sont des assemblées de personnes liées entre elles en vue d'un certain intérêt public, et formées en corps par la permission du prince ». Dans ce texte remarquons aussi, en passant, que le but d'utilité publique est nettement indiqué.

SECTION I. — HISTORIQUE DE LA LÉGISLATION ACTUELLE.

Lorsque s'établit le régime nouveau, on autorisa formellement par la loi du 13 novembre 1790 la formation des sociétés libres. C'était débuter hardiment par la liberté absolue.

Cette généreuse erreur ne fut pas réparée par le silence, pourtant significatif, que garda sur la question la Constitution de 1791, qui ne consacra que le droit de s'assembler paisiblement.

Les clubs, protégés par la loi du 13 novembre, continuèrent à prendre une telle importance que l'Assemblée qui, avant même la Constitution, avait déjà pris contre eux quelques mesures dans la loi du 22 mai 1791, leur interdit, par la loi du 30 septembre 1791, de mander les citoyens à leur barre, et d'arrêter le cours des actes de l'autorité.

Ces diverses mesures devinrent lettre morte après le triomphe des Jacobins, et les clubs furent, pendant la période violente de la Révolution, de véritables organes de gouvernement.

Il fallut édicter successivement le décret de brumaire an II qui exigea la publicité des réunions, le décret du 25 vendémiaire an III, et enfin la constitution du 5 fructidor an III dont l'article 360 défendit à toute association de s'intituler populaire, et à tout membre de porter des insignes. Les sociétés populaires furent dissoutes.

Nous n'avons donné qu'une des causes du silence de la Constitution de 1791 sur la question qui nous occupe. Ce silence, défavorable aux sociétés, s'explique d'ailleurs autrement que par la crainte qu'inspiraient les clubs. L'Assemblée nationale qui, après avoir proclamé la liberté individuelle, a interdit par prétérition la liberté de s'associer, n'ignorait pas que la liberté individuelle n'est complète qu'autant qu'elle comporte celle de s'unir, qu'un homme ne se retrouve que dans ses semblables, mais elle a craint avant tout de voir renaître sous une forme volontaire les corporations à peine détruites.

Au lieu de réglementer sagement dès le principe l'exercice du droit d'association, elle a obéi aux nécessités du moment, et créé par son silence une équivoque qui dure encore.

Les prescriptions restrictives de la constitution de l'an III furent largement dépassées lors de la confection du Code pénal. Il en résulta notre régime actuel, soupçonneux, destructif de toute initiative, et qui n'est encore debout, comme un vain épouvantail, que parce que tout le monde, d'accord pour le condamner, diffère d'opinion pour le remplacer.

Cette loi, qui laisse toute liberté aux associations de moins de 20 personnes, subordonnant arbitrairement à une question de chiffre le droit à l'existence et l'innocuité, établit contre celles supérieures à ce nombre le régime du bon plaisir gouvernemental.

Il est édifiant de lire le rapport que fit, au sujet de cette législation, Berlier au Conseil d'État, et d'y trouver l'explication, presque l'excuse, de l'extrême libéralisme d'un tel régime : « Il est dans l'essence du gouvernement monarchique (nous sommes sous l'Empire) de ne point admettre de rigueurs inutiles. Il n'interviendra donc point spécialement dans ces petites réunions que les rapports de famille, d'amitié, de voisinage peuvent établir ; et lorsqu'il ne se passera dans ces petites réunions rien de contraire à l'ordre public, l'autorité ne leur imposera aucune condition spéciale, eussent-elles pour objet la lecture en commun des journaux ».

Cette législation, que le tableau qui précède ne parvient pas à rendre aimable, était au surplus doublement inintelligente. Elle ne comprenait pas que quelques hommes déterminés peuvent être plus redoutables qu'une masse immense inagissante, et ne prévoyait pas la possibilité de fragmenter une association illicite en un nombre infini de sociétés licites, réunies par un bien commun.

C'est du reste ce qui fut fait. La société : « Aide-toi, le ciel t'aidera » se constitua sur ces bases, et, après 1830, la société des Droits de l'homme fit de tels progrès qu'on établit pour l'enrayer la loi du 10 avril 1834. Cette loi étendit aux associés les pénalités qui ne frappaient jusque-là que les chefs, n'exigea plus la périodicité régulière, et défendit les divisions d'associations en fractions de moins de 20 personnes.

Cette loi renchérissait encore, on le voit, sur les sévérités du Code pénal. Cependant sa discussion fut brillante, et l'on peut dire que cette loi antilibérale fut précédée d'un des plus beaux débats parlementaires qui soient. Berryer, Guizot, Lamartine y prirent part tour à tour. Tant il est vrai que cette matière reflète bien plutôt les préoccupations des classes dirigeantes que les principes de la raison.

Bérenger de la Drôme ayant proposé un amendement, bien inoffensif pourtant, d'après lequel les associations pourraient se fonder librement sauf le droit pour le gouvernement de les dissoudre par décret non motivé, les ministres combattirent cette motion comme dangereuse pour l'ordre social.

La révolution de 1848, qui avait un instant accordé la liberté absolue, et à l'ombre de laquelle les clubs avaient vite repris un développement inquiétant, revint bientôt, par la loi du 28 juillet, à une notion plus juste, en soumettant les associations à certaines conditions de publicité et de surveillance du pouvoir.

L'Empire ne pouvait que revenir aux traditions de 1810, ce qu'il fit le 25 mars 1852, en étouffant, sous un même décret, les droits de réunion et d'association. La loi de 1868 (6 juin), qui donne quelque liberté au droit de réunion, consacre, au point de vue de l'association, la législation antérieure.

C'est donc, après bien des vicissitudes, le Code pénal de 1810, aggravé par la loi de 1834, qui nous régit encore, du moins nominalement, car nous verrons dans le cours de nos futures explications ce qui se passe en pratique.

Nous allons maintenant traiter avec plus de développements les vicissitudes dont la question fut l'objet depuis 1871. C'est en grande partie de ces propositions et de ces débats, dont quelques-uns ont une véritable élévation de vues, que nous déduirons le régime que nous voudrions voir appliquer.

SECTION II. — ÉTUDE DES PROPOSITIONS PRÉSENTÉES A L'ASSEMBLÉE NATIONALE.

Depuis 1871, toutes nos assemblées se sont successivement occupées de la question. Toutes avaient, pour des raisons d'ordre divers, le plus grand désir d'aboutir. Tous les projets portent la trace, plus ou moins habilement dissimulée, de ces préoccupations diverses, et c'est, il faut bien le

dire, à cause de leur manque de franchise, qu'ils échouè-
rent la plupart du temps.

L'Assemblée nationale, où s'était cependant posée la
question avec une certaine ampleur, ne put la faire aboutir qu'en première lecture, par suite de la préoccupation
trop apparente que montrèrent ses auteurs de n'édicter
qu'en faveur des établissements religieux, la liberté et la
personnalité civile. Les sociétés politiques y étaient au
contraire l'objet de restrictions qui les mettaient à la merci
de tous les procès de tendances.

En sens contraire, bien plus récemment, diverses propositions n'aboutirent pas pour avoir voulu comprendre les
établissements religieux dans un régime restrictif qu'elles prétendaient, peut-être avec raison jusqu'à un certain
point, légitimé par leur nature exceptionnelle.

En somme, personne jusqu'à présent, n'a voulu comprendre la véritable hauteur de la question, et les intérêts
primordiaux attachés à une réglementation certaine et
vraiment libérale de la matière.

La franchise est la condition indispensable du succès
d'une proposition, et il est d'un exemple fâcheux de voir
encore debout une législation impuissante, et depuis longtemps ouvertement violée, qu'on oublie en faveur des uns,
qu'on applique arbitrairement aux autres, une législation
qu'on a justement stigmatisée à la tribune du nom de législation régionale, appliquée qu'elle est par des employés
de préfecture.

On veut une loi générale ; il la faut. On trouvera facilement ensuite, lorsqu'une majorité se déclarera nettement,
des lois spéciales pour exprimer ses tendances.

La période qui s'étend de 1871 à nos jours sera donc de
notre part l'objet d'une étude approfondie. D'autres idées
se sont fait jour. On ne vit plus exclusivement sur les principes immortels de 1789, principes de combat dont les
exégèses modernes ont depuis longtemps sapé les bases.

Une étude des discussions qui ont établi la législation
encore existante n'a plus sa place que dans l'histoire, bien
que les diverses solutions proposées se soient trop souvent
appuyées sur des arguments puisés dans les débats anté-
rieurs.

En 1871, le 8 mars, MM. Tolain, Lockroy, Floquet et un
certain nombre de leurs collègues, déposèrent sur le bureau de l'Assemblée nationale une proposition demandant
simplement, au nom du principe républicain, l'abrogation
de la législation existante. C'était tenter de remplacer par
la liberté absolue le régime des autorisations.

Malgré l'opposition presque unanime que devait rencontrer dans l'Assemblée une motion de cette nature, le rapport sommaire de M. Bertauld conclut à la prise en considération.

Ce rapport trahit déjà la préoccupation qui dominera
dans la proposition que le rapporteur doit substituer à la
simplicité de la rédaction primitive. Le but, dit le rapport
sommaire est « d'atteindre ceux qui se servent contre la
société de ce droit utile à la société ». Il faut, ajoute-t-il
plus loin, « ne pas laisser passer sous le nom de liberté, le
plus odieux du despotisme, celui de sectaires qui ne res-
pectent pas plus la souveraineté du nombre que celle de la
raison ». On voit tout d'abord combien, à côté de la science,

une certaine littérature tiendra de place dans l'argumentation du rapporteur.

La prise en considération fut votée le 31 mars suivant, et la discussion s'engagea le 17 mai sur un texte de 17 articles, précédé d'un long rapport, dû, comme le texte presque entier du reste, à M. Bertauld.

Le détail de la proposition nous préoccupera surtout lorsque nous traiterons des questions particulières. Voyons seulement maintenant les principes que soulève le rapport.

Après une revue historique et quelques généralités sur le droit d'association « qui est à deux tranchants et peut être un instrument de progrès comme de désorganisation », vient une critique du système préventif, « obstacle au développement du bien, non à celui du mal ». Nous verrons par quel système de répression M. Bertauld remplace notre système préventif.

Le rapporteur montre ensuite le but de la loi qui est d'affermir le droit de l'État qui ne saurait désarmer, et de substituer, à une arme défectueuse, blessant plus souvent ceux qui s'en servent que ceux contre lesquels elle est employée, une arme qui n'atteindrait que l'ennemi, mais l'atteindrait à coup sûr. L'ennemi, c'est l'association illicite dont nous verrons bientôt la définition.

La liberté d'association, continue en substance le rapport, est rattachée par les uns à la liberté de contracter, par les autres à celle de faire un État dans l'État. C'est de part et d'autre exagéré.

L'État, qui sanctionne les contrats, peut-il sanctionner l'accomplissement du contrat d'association ? Il garantirait alors l'aliénation de la liberté. La souveraineté de l'individu sur lui-même n'a de limite que celle de l'État qui réprime toute contrainte d'une autorité qui n'est pas la sienne.

L'État sanctionnera les contrats intervenus, mais il ne maintiendra pas, malgré les volontés, un lien social qu'on peut rompre pour l'avenir, sauf exécution des engagements contractés pendant qu'il subsistait.

La liberté en cette matière est aussi celle d'agir sur les facultés d'autrui, d'en faire un instrument. Cette face du droit présente trop de périls pour que l'État ne soit pas au moins prévenu. Si l'association a pour but de créer une souveraineté collective incompatible avec la souveraineté sociale, cette tendance comporte trop de dangers pour qu'on lui laisse la liberté absolue. Il y a là, dit le rapport, un motif d'inquiétude qui appelle le contrôle.

La législation actuelle est, en passant, fort criblée : elle ne satisfait plus personne ; c'est une solution de convenance, variant avec les tendances du pouvoir. Elle n'atteint pas les associations par correspondance, sans réunions ; ainsi naissent des affiliations secrètes se dérobant à toute surveillance.

La crainte de l'abus, disait de Broglie, ne doit pas entraîner la suppression du droit. En attendant donc que s'exerce la répression, liberté absolue et droit commun ; « nous préférons poursuit le rapport, à la tolérance qui ferme les yeux, le droit commun qui surveille ». Pas de distinction entre les associations politiques ou non ; pas de privilège aux congrégations si intéressantes qu'elles soient. Droit commun aussi aux assemblées électorales, aux associations affiliées à des sociétés étrangères ; liberté à tous sous les conditions de publicité *et de caractère licite.*

Mais, dira-t-on, qu'est-ce que le caractère licite ? L'article 5 de la proposition va nous répondre par *a contrario* :

Sera réputée illicite toute association ayant pour but :

1° De changer la forme du gouvernement établi ;

2° De mettre obstacle à l'action des pouvoirs publics et d'en usurper les attributions ;

3° De provoquer, d'organiser et subventionner les grèves, ou d'entraver par un moyen quelconque la liberté du travail et des conventions ;

4° De porter atteinte au libre exercice des cultes, aux principes de la morale publique et religieuse, de la famille, de la propriété, ainsi qu'à l'ordre public et aux bonnes mœurs.

Qui ne voit quels chefs d'accusation peuvent tirer, de chacun des paragraphes de cet article, des juges tant soit peu perspicaces ?

Ce qui est plus grave, c'est que c'est au vu des statuts, déposés 15 jours avant la constitution, suivant l'article 3, que le juge peut déclarer le caractère illicite, et former opposition, dans le même délai, *à la formation* de l'association. Ce système répressif qui n'attend pas un premier méfait, qui n'attend pas même la naissance, est d'une absurdité qui a sauté aux yeux de tous. C'est le système préventif malgré l'étiquette dont on le couvre : la prévention, même transportée au pouvoir judiciaire, n'en est pas moins la prévention.

Nous avons dû, malgré notre plan, analyser en détail les articles 5 et 6 du projet, afin de faire comprendre la

discussion générale qui portera surtout sur leurs dispositions. Nous ne ferons plus que les rappeler, car l'accueil
qui leur fut fait alors en a empêché la réédition.

Le rapport se poursuit : la personnalité morale sera de
droit ; les congrégations légalement établies sont des personnes morales ; on généralisera la solution. A quoi bon
naître si on ne peut grandir et prospérer. Le régime des
autorisations d'acquérir et d'aliéner sera large et ne rétroagira pas sur les faits accomplis. Viennent ensuite des dispositions en cas de dissolution.

Le projet, on le voit, donne en somme, sous le nom de
droit commun, une situation exceptionnelle aux établissements religieux ; une association ordinaire n'arrivera au
contraire à pouvoir bénéficier de ce droit commun exceptionnel, qui n'a pas d'ailleurs été institué pour elle, qu'après avoir affronté les épreuves de l'article 5.

Le rapport ne se termine pas moins par cette parole de
Royer-Collard : « Il n'y a rien de si facile à attaquer qu'un
droit, parce qu'il arrive toujours qu'on en abuse. Il n'y a
rien de si facile à opprimer, quand l'abus est présent, et qu'il
préoccupe uniquement les esprits ». On pourrait croire que
le rapporteur, se méprenant sur le sens de ces sages paroles, s'en est inspiré à contre-sens dans son traitement des
associations politiques.

Cette proposition, quelles que puissent être les critiques
qu'elle soulève, réalisait un grand progrès sur la législation
antérieure, et dénotait, en dehors de préoccupations trop
exclusives, une connaissance approfondie du sujet. Une loi
excellente en pouvait sortir.

Elle donna lieu à une discussion mémorable, bien au-dessus du niveau moyen des débats parlementaires. Elle fut votée en première lecture après la discussion générale, mais ne subit plus aucune épreuve à cause des difficultés de toute nature et de l'impuissance où se débattait l'Assemblée.

Donnons un aperçu de la discussion, et constatons l'unanimité presque absolue qui se déclara de part et d'autre en faveur du principe de liberté.

La preuve du désir qu'avait l'Assemblée nationale de nous doter d'une loi sur la matière, c'est que, après un premier débat où fut mise en cause l'opportunité de la discussion immédiate, cette motion l'emporta malgré le gouvernement et la majorité de la commission qui invoquaient l'un et l'autre toutes sortes d'exceptions dilatoires.

Dans un discours très-libéral, M. Othenin d'Haussonville proclame le droit d'association aussi naturel à l'homme moral que le droit d'aller et de venir est naturel à l'homme physique.

En face de cette liberté naturelle, poursuit-il, se dresse l'hostilité des Gouvernements. Cette hostilité a deux raisons : d'abord la Révolution française qui a tant détruit et si peu remplacé, qui a « désagrégé le corps social et a laissé l'individu isolé en face de l'État tout puissant ». Or comme aucun gouvernement, monarchique ou républicain, n'aime la résistance, tous ont redouté le droit d'association qui pouvait créer un centre de rivalité, un moyen d'action. La seconde raison de l'hostilité indiquée est la terreur qu'a laissée, chez les personnes d'opinion modérée, le souvenir des sociétés sanglantes de la première Révolution.

« Le droit d'association n'est ni un bien ni un mal, c'est une arme qui vaut ce que vaut celui qui la porte ». Si cette arme est le plus souvent tombée en de mauvaises mains, c'est la législation actuelle qui en est cause. Les honnêtes gens demandent une autorisation, ou s'arrêtent ennuyés des démarches à entreprendre ; les autres ne demandent rien : ils agissent.

La législation si dure de 1834 n'a pu rien prévenir ni rien réprimer, puisqu'il a fallu une loi spéciale en 1871.

Suit un long développement sur les établissements religieux.

L'orateur, critiquant ensuite l'opposition que peut faire le pouvoir judiciaire à la constitution de l'association, traite cette formalité d'autorisation judiciaire tacite.

Il critique avec force l'article 5 qui énumère d'avance les sociétés illicites, et en trouve les dispositions singulièrement tendancielles et d'ailleurs inutiles, car jamais un but aussi directement contraire à la loi ne résultera des statuts. Cette loi va plus loin ici que le Code civil qui n'a pas établi les cas de contrats illicites, et s'en est rapportée à la jurisprudence.

Après M. d'Haussonville, M. Paul Besson a développé les inconvénients de la répression préalable par le pouvoir judiciaire, et démontré les inconvénients que présente le caractère illicite, jugé sur des statuts, avant que ce caractère se soit manifesté dans l'acte.

Il serait partisan de la liberté absolue de constitution, mais voudrait l'autorisation préalable pour les associations politiques qui forment seules, par leur objet, un État dans l'État.

Parlant ensuite de la personnalité si libéralement accordée, il croit que toutes les associations n'en ont pas besoin, qu'il en est même qu'elle gênerait plutôt. Il demande donc la personnalité civile facultative.

Nous retrouverons, dans des propositions plus récentes, des idées analogues bien que différemment résolues. C'est la théorie des deux ordres de personnalités.

C'est également sur les inconvénients des caractères illicites prévus par l'article 5, dont les dispositions risqueraient de devenir indicatives, que s'est spécialement concentrée l'argumentation de M. Brisson.

Retenons également le passage véhément dans lequel il déclare que la conception véritable de la souveraineté nationale entraîne la reconnaissance du droit d'association. Sans cette reconnaissance, dit-il, « c'est une souveraineté intermittente, souveraineté qui tous les 6 ans se manifestait pour retomber dans l'ombre, qui sanctionnait tous les actes du régime impérial par 7 millions 1/2 de suffrages, puis, au jour de l'écroulement, le laissait sans appui ».

Transportant la question sur le terrain social, M. Aclocque déclare que « les grandes associations industrielles substituées à l'individualité, c'est le régime républicain substitué dans l'industrie, au régime personnel des époques antérieures ».

Le système des associations n'arrivera pas du reste à empêcher d'exister les inégalités sociales, et n'aura sur elles aucune influence (M. Aclocque n'a pas lu Mgr Ketteler).

Enfin le droit d'association, si légitime qu'il soit, ne saurait être absolu. Il ferait de l'ouvrier un instrument inconscient entre des mains coupables. Qu'on abroge la législation existante, mais qu'on ne laisse pas le gouvernement désarmé.

M. Naquet débute par le reproche, aujourd'hui rétrospectif, d'avoir distingué le droit de réunion du droit d'association, et de n'avoir pas compris ces deux droits communs dans une législation d'ensemble sous le prétexte que le premier de ces droits avait été réglé en 1868. Suffit-il qu'une mauvaise législation soit récente pour qu'on n'y puisse toucher ?

Il déclare ensuite qu'il n'a aucune confiance dans les décisions d'une magistrature inamovible, et qu'il préfère encore l'Administration plus au courant des vues gouvernementales. Il n'est pas bon d'ailleurs que la jurisprudence usurpe la place de la loi.

Après une attaque violente à l'article 5 du projet, il réclame le droit commun aux associations de toute nature avec la répression pour sanction.

On le voit, l'accord fut complet sur le principe même du droit. Seules les solutions proposées au sujet de la nature illicite et du système de répression rencontrèrent une opposition presque unanime, et que M. Bertauld, malgré sa grande habileté de juriste, ne sut défendre à la tribune que par de faibles arguments. Les interruptions, les moqueries même, ne lui furent pas épargnées.

Nous ne suivrons pas le rapporteur dans ses longues et un peu confuses explications, étayées de citations philosophiques. Il sent évidemment le terrain se dérober sous lui, et les principes qu'il invoque ne justifient en rien ses solutions, toutes de circonstance.

Nous citerons parmi les orateurs qui prirent ensuite la

parole : M. Tolain qui, partisan de la liberté absolue, n'a apporté au débat aucun élément nouveau, si ce n'est une discussion assez imprévue du principe même du salariat ; M. Fresneau favorable au projet qu'on ne saurait, affirme-t-il, faire plus libéral ; M. Paris, enfin, nettement contraire au projet de la commission, et qui prétendit qu'à la deuxième discussion « le projet se présenterait tellement criblé des boulets qu'il vient de recevoir et de ceux qu'il recevra encore, qu'il coulera inévitablement, et que dès lors il vaudrait mieux le rejeter tout d'abord ».

M. Dufaure intervint alors au nom du gouvernement. Il déclara critiquable, à tous les points de vue, la transaction par laquelle la commission avait cru concilier la liberté d'association et les garanties de la société.

Mais il laissa à l'Assemblée toute liberté de se prononcer ou non pour une deuxième lecture, tirant de chacune de ces alternatives une présomption défavorable au projet : si l'Assemblée se prononce pour une seconde lecture, c'est un moyen de tout revoir en détail, et d'opérer de nombreuses modifications ; si elle se prononce pour le rejet, le gouvernement y verra l'ordre de présenter au plus tôt un projet complet. M. Dufaure, on le voit, songeait déjà à cette époque à sa proposition de 1880.

Enfin, les débats épuisés, le 17 mai 1872, par 454 voix contre 160, l'Assemblé décida de passer à une deuxième délibération. Ce deuxième débat, on le sait, n'eut jamais lieu.

En dehors des difficultés d'ordre divers qui vinrent empêcher l'Assemblée nationale de revoir la question, il y eut, à la suite de cette longue discussion, une sorte d'accord tacite entre les partis, en vue de conserver de part et d'autre les positions acquises, et d'ajourner une question qu'on sentait bien ne pouvoir résoudre.

Cette proposition, en effet, ne satisfaisait personne : le parti avancé voyait, dans la personnalité accordée aux congrégations, la fortune de tous accaparée par la main-morte, et une menace pour la liberté des consciences ; tandis que les conservateurs, en présence des attaques dont le caractère illicite et le système répressif avaient été l'objet, prévoyaient un droit commun élargi, et tremblaient pour leurs positions, menacées par les associations politiques.

SECTION III. — PROPOSITIONS PRÉSENTÉES PENDANT
LES PRÉCÉDENTES LÉGISLATURES.

Lorsque la Constitution de 1875 amena la division du pouvoir législatif en deux Assemblées, chacune d'elle fut, tour à tour ou simultanément, saisie à nouveau de la question.

A la Chambre des députés surtout, des propositions nombreuses se firent jour, quelques-unes sérieuses, la plupart, simples prétextes à agitation.

Dès le 23 mars 1876 une proposition fut déposée par MM. Naquet, Barodet, Louis Blanc, Clémenceau et Lockroy, portant abrogation pure et simple de la législation actuelle. Il faut retenir de cette proposition le rapport de M. Méline qui la trouve, non sans quelque ironie, un peu simple, mais conclut cependant, en présence de l'urgence d'une solution, à la prise en considération.

Un passage du rapport, fort bien fait du reste, et pénétré des nécessités modernes, nous arrêtera quelques ins-

tants : « Un individualisme exagéré paralyse les fécondes
et grandes entreprises, restreint l'emploi de nos forces, et
menace de faire du peuple, le plus généreux, un peuple sec
et égoïste ». Le rapporteur, qui ne saurait méconnaître les
principes d'après lesquels le droit d'association, loin d'être
opposé au droit individuel, n'en est au contraire que le développement, a écrit ici individualisme pour particularisme.

Puis les propositions se multiplient ; la question des
associations devient un sport. M. Cantagrel présente le
16 janvier 1877 une loi assez étendue, en partie dirigée
contre les établissements religieux. Une deuxième proposition, présentée par le même député, vient le 26 mai 1879,
modifier légèrement la première, et l'adoucir. Nous les re-
verrons l'une et l'autre dans les discussions de détail. On
renvoie la seconde à la commission saisie de la première,
qui avait déjà été l'objet d'un rapport favorable.

Dans l'intervalle, le 1er juin 1878, s'était produite une
nouvelle proposition signée de MM. Louis Blanc, de Mont-
jau et Barodet, renfermant un article unique d'abrogation.
Ces projets, tous renvoyés à la commission, ne furent du
reste jamais discutés à la tribune.

Il est curieux de remarquer à ce sujet combien les partis
extrêmes de toute époque sont partisans des solutions les
plus courtes et les plus simples. Pensent-ils que leur pensée sera ainsi plus facilement comprise de tous et servira
de formule de ralliement, sinon de plate-forme électorale ?
Ont-ils, tout naturellement, une conception des choses
moins compliquée que ceux qui ont vu les différentes faces
de la question, et en savent les complexités ? Ou bien trou-
vent-ils plus simple, moins fastidieux, de donner à toutes

les questions une solution unique, répondant à tout, et toujours prête à être soutenue, sans difficulté comme sans étude ? Nous posons la question.

Une proposition qui marque dans l'évolution du droit un pas en avant décisif, fut présentée au Sénat par M. Dufaure, le 17 juin 1880. C'est à l'honneur de cet homme d'État d'avoir, pour la première fois, établi les principes désormais constants sur lesquels s'appuieront les propositions qui suivront.

Seulement l'époque où elle se produisit fut celle qui suivit l'exécution des décrets, et on n'oserait affirmer que les principes libéraux qu'elle renferme n'eussent été sollicités par les circonstances, autant et peut-être plus que par la compréhension des besoins de l'époque. Quoi qu'il en soit, la proposition adopte la liberté entière d'établissement. La répression attendra l'acte délictueux. La personnalité, admise comme fiction légale, passe à la disposition du pouvoir.

Les sociétés, dont le but est de procurer des bénéfices sont réglementées, dit le rapport, tandis que celles dont le but n'est pas matériel vivent sous le régime insuffisant de l'autorisation gouvernementale.

Le besoin impérieux de s'unir est la source d'un droit que nous accorderons à toutes les associations, religieuses ou politiques. Pourvu qu'elles ne soient pas secrètes, elles ont le droit de vivre sous l'œil vigilant de l'autorité.

Mais, composées d'individus juxtaposés, elles ne vivront socialement, juridiquement, qu'autant que l'autorité supérieure leur reconnaîtra l'existence. Car c'est le droit à l'existence juridique qui est pour le gouvernement une cause d'inquiétude ; elles ne seront donc, tant que la loi ne leur accordera pas la vie civile, qu'une simple agrégation licite, mais dénuée de personnalité.

C'est d'ailleurs le système usité en Angleterre, où toute société qui veut vivre juridiquement demande aujourd'hui au parlement, autrefois c'était au pouvoir exécutif, une charte d'incorporation.

On verra, lors de l'exposé du projet Waldeck-Rousseau, la même idée à peu près sur la personnalité civile, mais, exposée avec une hauteur de vues bien supérieure, elle aboutit à des conséquences législatives que notre proposition n'avait pas entrevues.

Un rapport sommaire de M. Mazeau conclut le 8 juillet 1880 à la prise en considération.

Il s'écoula, entre cette prise en considération et la discussion publique, un intervalle de deux ans. M. Dufaure, président de la commission, auteur de l'exposé des motifs et inspirateur du texte, mourut sur ces entrefaites, laissant à M. Jules Simon la tâche de défendre son œuvre.

La situation fut compliquée encore par le dépôt, le 23 février 1882, d'une proposition de M. Eymard Duvernay, proposition fort longue, et précédée d'un exposé des motifs interminable et rempli de citations plutôt littéraires. Ce projet, renvoyé à la commission au moment où M. Jules Simon terminait son rapport, ne modifia en presque rien la rédaction déjà arrêtée.

Le rapport de M. Jules Simon débute, comme il convient, par quelques généralités : « L'homme est si peu de chose qu'il ne peut faire beaucoup de bien ou beaucoup de mal qu'en s'associant ». L'association, « cette armure contre l'oppression, cet outil merveilleux des grandes œuvres », on peut la rendre inoffensive en l'entourant de publicité et de lumière.

Un long développement suit sur la limitation de la matière aux sociétés qui n'ont pas pour but le gain ; sur la différence de traitement existant entre les associations religieuses, si diversement réglementées, et les associations civiles ; et enfin sur la discussion de 1872 et les causes de l'insuccès de la proposition présentée à cette époque.

Le rapporteur entre dans de longs détails sur l'économie de la loi. La simple déclaration donnera la vie à l'association, sans veto des tribunaux sous prétexte de caractère illicite. La publicité sera exigée : noms, âges, statuts, situation pécuniaire, etc.

Mais la seule déclaration ne donnera pas la personnalité civile, degré de vie supérieur et fictif qui reste à la disposition de l'autorité.

Les sociétés simplement déclarées n'en auront pas moins une existence légale ; on y pourra vivre en commun, et les actes qu'elles pourront faire seront ceux que comporte leur existence.

Ce sera leurs représentants qui l'engageront valablement.

Leurs ressources pourront comprendre des apports, des cotisations et le paiement des fournitures faites ou services rendus.

Il ne faut donc pas que l'apport immobilier dépasse le but que se propose l'association, sinon le donateur ou son héritier pourront le revendiquer.

Pour les apports mobiliers, bien que la question prenne de jour en jour une importance plus grande, divers moyens ont été proposés auxquels on a dû renoncer.

Le but, qui consiste à empêcher qu'une association simplement déclarée se double d'une société de gains, rend très désirable la déclaration d'utilité publique qui en fera un être complet.

Critiquant la proposition Eymard Duvernay, le rapporteur ne veut pas que le gouvernement puisse dissoudre l'association, ni qu'une législation spéciale interdise à l'avance des associations comme illicites.

Ce système si large va-t-il donner naissance à des associations ouvrières, socialistes ou antireligieuses qui se livreront à l'assaut du capital, de la propriété, des croyances ? Non, car la commission a pris ses précautions : elle a notamment maintenu la loi de coalition, et cette mesure dissipera bien des craintes.

« En France, continue le rapport, on ne sait pas s'associer ; on n'aime pas à s'associer ; on n'en a pas l'habitude ». Le saurait-on, il n'y a pas de danger avec le régime de pleine lumière exigé.

Au premier acte interdit, se montrera la loi du pays.

Et puis si on s'unit pour le mal, on s'unira bien plus encore pour le bien, car la défense recourra aux mêmes armes que l'attaque.

Enfin, dit-on, une association politique a la même sphère d'activité que l'État dont elle peut attaquer l'existence, les principes, qu'elle peut même tenter de déposséder en usurpant ses fonctions. On oublie qu'il y a des lois contre ces agissements.

Le contraire est-il préférable, et le système actuel, qui met l'État puissant en face de l'individu faible, ne nous condamne-t-il pas à un asservissement interrompu par des révolutions ?

En somme la liberté d'association est la réalisation de toutes les autres, car c'est elle qui les fait passer dans la pratique. Seulement il ne nous faut d'exceptions en faveur de personne ni contre personne. Celui qui en édicte, légitime d'avance celles qu'on pourra lui faire.

Entre toutes les libertés conquises par la Révolution, la liberté de conscience est celle qui s'acclimate le plus mal. Toujours on la proclame, et toujours on la viole. C'est le fait du despotisme, ne l'oublions pas, d'en appeler à la force au lieu de la concurrence et de la discussion.

« Serons-nous toujours les premiers à réclamer la liberté et les derniers à en faire usage ? »

Telle est, après le projet de 1871, la proposition la plus considérable qui ait été faite sur la matière.

Elle ne vit que fort tard le grand jour de la discussion. Six fois ajournée, tantôt à cause de la discussion du budget, tantôt pour d'autres raisons, parmi lesquelles il faut compter en première ligne l'hostilité des gouvernements, sa discussion ne commença que le 4 mars 1883.

Le discours de M. Jules Simon, rapporteur, se résume en trois mots : unité de législation, liberté, publicité.

Nous avons, continue-t-il, essayé de parer au renouvellement de la mainmorte : les membres de l'association ne peuvent apporter que des valeurs mobilières. Les immeubles sont limités à l'installation nécessaire à l'accomplissement du but poursuivi. Un nouvel adhérent n'apportera pas plus que les précédents. On évitera ainsi la recherche d'adhérents riches en vue du gain.

Le don est non avenu. L'association n'acquerra ni à titre onéreux ni à titre gratuit. Elle n'aura pour toute richesse que l'apport. Nous ne voulons pas de sociétés civiles interposées qui l'alimentent.

M. Dufaure avait apporté, la dernière fois qu'il se présenta à la commission, un article frappant de nullité tout acte non conforme aux prescriptions de la loi, préférant aller même au-delà du nécessaire pour couper court à toute difficulté. Que ceux qui veulent s'enrichir fassent des sociétés civiles ou commerciales, mais nous voulons qu'une association laïque ou religieuse ne puisse accumuler des richesses.

Répondant à la préoccupation de l'époque, et montrant combien les temps ont marché, l'orateur s'écrie : « On craignait autrefois les sociétés laïques ; on craint maintenant les sociétés religieuses ».

La commission, affirme l'orateur, n'a terminé son travail que quand elle n'a plus vu de précautions nouvelles à prendre. Et M. Jules Simon, après les avoir toutes énumérées, termine par ce chaleureux appel : « Vous rendrez service, en ressuscitant en France l'association qui s'est perdue, à la société française, au caractère français, aux forces morales et intellectuelles de la France ».

M. Corbon répondit le premier au rapporteur, la proposition pour lui n'est qu'un cadre imaginé pour y faire rentrer les congrégations. C'est une loi réparatrice de l'exécution des décrets. Après avoir signalé les différences nombreuses existant entre les sociétés laïques et les établissements congréganistes, il s'applique à démontrer que les congrégations sont de tout point nuisibles.

M. Tolain demande ensuite pour les congrégations un traitement nettement différent, et moins favorisé. La proposition ne veut pas qu'une association quelconque forme à côté d'elle une association civile à cause de la mainmorte. Pourquoi maintenir ce traitement aux sociétés laïques où la mainmorte n'est pas à craindre ?

L'unité est bonne quand les situations sont égales. Les sociétés laïques n'offrent aucun danger. Ces mesures d'ailleurs, qui vont les gêner, ne gêneront pas les établissements religieux, dont l'habileté est connue.

Les prohibitions imaginées seront lettre morte. On donnera à un futur congréganiste qui apportera un apport provenant du don, et la loi sera tournée.

M. Tolain critique enfin le vague des expressions touchant aux ressources de l'association simplement déclarée, et qui consisteront en : apports, cotisations, paiements de fournitures, services rendus. Il trouve ces dernières expressions singulièrement extensibles.

Le rapporteur ne pouvait laisser sans réponse ces deux attaques. Il vient les relever en déclarant que les religieux forment des associations comme les autres, qu'on ne saurait les empêcher de se réunir ; et qu'avec le régime qu'on voudrait inaugurer, il faudra bientôt, de la définition de la liberté de conscience, qui a été jusqu'à présent la liberté de croire ou de ne pas croire, supprimer le premier terme. L'avenir de la France, s'écrie-t-il, c'est son identité avec la liberté et le droit !

La discussion s'élève, avec l'intervention de M. Clamageran, à une hauteur que n'avaient pas atteinte les précédentes attaques à la proposition.

Y a-t-il identité entre toutes les associations ? Non évidemment. Il leur faut alors un traitement différent.

Quand on parle de liberté et d'égalité dans ce pays, on
trouve toujours de l'écho. Mais lorsqu'il existe entre les
sujets des différences réelles, des différences que n'a pas
fait naître l'esprit de parti, l'égalité de traitement n'a plus
de raison d'être.

Dans la matière des sociétés civiles ou commerciales,
on trouve des catégories diverses qu'on ne saurait confondre, et qu'on soumet, en raison de leur nature différente,
à des règles diverses.

De même celles qui, n'ayant pas le gain pour objet,
poursuivent le succès d'une opinion, d'un intérêt moral,
présentent des tendances, une organisation, des types divers, qui appellent des distinctions.

Après une longue dissertation sur les congrégations, l'orateur résume sa pensée en disant que la congrégation répond au désir qu'éprouve l'homme « de renoncer dans certains cas à la liberté individuelle, de n'en plus supporter
le fardeau devenu douleur pour lui, dans l'incertitude où il
est de savoir comment remplir le devoir, où est le devoir ».

Cette abdication volontaire, qu'il déclare légitime, comporte cependant dans la congrégation un contrat de soumission, alors que dans l'association ordinaire la liberté
individuelle s'exerce : on nomme des chefs ; on les dépose ;
ils rendent des comptes.

M. Chesnelong vient au contraire approuver, dans ses

grandes lignes, le projet Dufaure. Il entame une discussion de science sociale et d'histoire.

Autrefois on avait, dit-il, en faveur de la liberté, la garantie résultant de la coutume et des traditions. Maintenant il n'y a plus rien.

Si, il y a le pouvoir parlementaire, mais qui nous garantira, si le Parlement légalise la tyrannie? Nous avons l'État en haut, et, tout en bas, la poussière sociale. Voilà pourquoi une loi est nécessaire. Il ne prétend pas que celle-ci doit parfaite, mais la situation actuelle est tellement intolérable !

Examinant le procès fait aux congrégations, il conclut que le culte catholique n'est libre que là où les congrégations sont libres.

L'intervention du gouvernement se produisit alors dans la personne de M. Waldeck-Rousseau, Ministre de l'Intérieur. Elle fut décisive.

La loi proposée répond-elle à tout ce qu'on nous promet? Il semble que non, et qu'elle cache des préoccupations. Les principes oralement développés ne concordent pas avec sa rédaction.

La liberté étant un droit naturel et non une concession politique, on ne doit pas tout d'abord l'intituler du nom de liberté d'association. Il semble que M. Waldeck-Rousseau faisant ici du droit d'association une concession de l'État dépasse sa propre pensée. Que l'État ait un droit supérieur en la matière, rien de plus légitime, mais que le droit lui-même procède de lui, c'est assurément excessif. C'est absolument comme si l'on soutenait que la liberté individuelle est une concession de l'État.

Il accentue la différence entre les associations et les congrégations en définissant ces dernières : une donation de soi-même à **Dieu** dans la personne d'un homme.

L'État ne peut reconnaître sans enfreindre toutes ses traditions, tous les établissements qui voudraient se former. Il a le droit et le devoir de s'assurer que les principes du droit individuel seront respectés, et qu'il ne sera pas lui-même méconnu.

Le projet proposé, pour avoir voulu faire passer dans l'ombre d'une soi-disant liberté la consécration des établissements religieux, a produit un mélange de dispositions en opposition avec la liberté, et cause d'insécurité, « car il n'y a pas une liberté vraie qui puisse être une menace pour l'État ».

La clôture de la discussion générale fut prononcée après une vive réplique de **M. Jules Simon**, et l'on passa le 9 mars 1883 à la discussion des articles.

Mais la proposition était déjà condamnée. Il ne s'agissait plus que de savoir sur quelle question elle devait définitivement tomber.

L'événement ne se fit pas attendre : il se produisit immédiatement, sur l'article premier, un amendement d'après lequel toute association présentant les caractères distinctifs d'une congrégation religieuse, durée perpétuelle, vœux, noviciat, cohabitation, célibat, obéissance, ne pourrait se constituer qu'en vertu d'une loi.

M. Waldeck-Rousseau vint déclarer que l'amendement proposé était destructif de la loi, qu'il y souscrivait au fond, mais qu'il valait mieux repousser nettement l'article premier, qu'il considérerait d'ailleurs ce rejet comme une invitation au gouvernement de déposer, dans le plus bref délai, sur le bureau du Sénat, le projet qu'il préparait en ce moment.

M. Jules Simon intervint une dernière fois. M. Labiche auteur de l'amendement déclara le retirer. Puis après avoir entendu MM. de Gavardie, Tolain et Marcel Barthe, le Sénat repoussa l'article premier, et par conséquent toute la loi, par 169 voix contre 122.

Fidèle à sa promesse, M. Waldeck-Rousseau déposa, le 23 décembre 1883, sur le bureau du Sénat, un projet de loi présentant de nombreuses analogies avec une proposition sur le contrat d'association qu'il avait faite à la Chambre le 11 février 1882.

Il peut être intéressant de connaître sur la matière l'opinion d'un des esprits les plus nets de notre époque. Aussi étudierons-nous avec quelques détails l'un et l'autre de ces documents.

La première proposition, dont le titre significatif de *proposition de loi sur le contrat d'association* impose tout d'abord l'attention, nous vaut deux définitions, l'une de l'association elle-même, l'autre de la personnalité civile.

L'association, déclare l'article 1er, est le contrat par lequel deux ou plusieurs personnes conviennent de mettre en commun leurs facultés, leurs connaissances ou leur activité, dans un but déterminé. Pourquoi ce contrat si simple, si humain, est-il chargé de toutes sortes d'entraves, pourquoi cette activité est-elle justiciable du Code pénal alors que, s'il s'agit d'argent ou bien d'industrie, elle relève de l'article 1832 du Code civil, ou des dispositions du Code de commerce ?

C'est, on s'en souvient, l'idée même de Mgr Ketteler.

Le Code pénal d'ailleurs se trouve en contradiction avec les principes supérieurs de la science sociale « qui considère le groupement des forces individuelles comme la conséquence des transformations subies par la société ».

Il n'y a pas de considération juridique capable de soustraire le droit de contracter association aux lois qui règlent les autres conventions, et qui n'exigent que le respect des principes de liberté, de moralité et d'ordre public. Or l'association est un contrat : il doit avoir un objet licite, et les autres caractères des contrats ; sinon il sera nul.

Maintenant il y a deux choses à distinguer : des personnes mettent en commun leurs facultés, ou bien leur activité dans un but moral : c'est une association.

Elles mettent des biens en commun, acquièrent, trafiquent, possèdent, augmentent ce patrimoine collectif : à côté du premier contrat s'en juxtapose un nouveau, le contrat de société.

Doit-il résulter, de la coexistence de ces deux contrats de droit commun, une législation d'exception ? Non évidemment.

En conséquence il faudra déclarer que les valeurs mises en commun par les membres seront soumises aux règles du Code civil ou du Code de commerce en matière de société.

Cette disposition calmera la crainte que provoque l'association, et qui est moins fondée peut-être sur la force que peut donner l'action collective, que sur la menace d'une possession de bien toujours grossissante.

Or cette situation, dont il ne faut pas d'ailleurs se dissimuler le danger, repose non sur le droit commun, mais sur un régime de privilège édicté en faveur de certains établissements.

Ce régime, c'est la perpétuité d'une association survivant à ses membres, possédant pour son propre compte, soustrayant ses biens à la loi de la circulation, formant une mainmorte.

Ce danger résulte, non pas du Code civil, mais de la faveur exceptionnelle par laquelle l'État reconnaît qu'une association forme une personne distincte de la collectivité de ses membres. Ce ne sont plus des sociétaires qui possèdent en commun, c'est cette personne fictive. Si l'un des membres l'abandonne, elle ne lui doit rien. Elle reçoit sans rendre, frappant d'immobilité tout ce qu'elle acquiert.

Ici l'association formera un être collectif, mais ne se perpétuera pas malgré ses membres. L'engagement qui la forme sera temporaire. La société de biens qui se formera à côté sera bien un être moral, mais le mouvement des biens ne sera pas soustrait à la loi générale. Chaque associé pourra revendiquer sa part sociale.

Ce qui a causé le résultat que nous combattons, c'est la formation, à côté des biens et des personnes, d'une personne nouvelle, susceptible de se perpétuer, ce que dans le langage du droit on appelle la personnalité civile, et qu'on définit : « une fiction légale par laquelle une association est reconnue comme constituant une personne distincte de celle de ses membres, et en qui réside la propriété des biens de la société ».

A notre avis, la définition qui précède ne reconnaît pas assez nettement la différence tripartite existant entre l'être moral, d'une part, indépendant de la reconnaissance du législateur, et issu, ainsi que nous l'avons soutenu plus haut, de la seule volonté des contractants, la personnalité plus ou moins caractérisée qui résulte de la déclaration, et la personnalité civile, création de la loi, qui donnera à l'être moral indépendant le droit à une propriété légitime. C'est sur ces bases élargies qne nous nous proposons d'établir plus loin notre théorie de la personnalité et du droit à la propriété.

En terminant, l'auteur s'attaque aux congrégations et termine par des dispositions sur le sort des biens en cas de dissolution.

Cette proposition présentait déjà, malgré les nombreuses questions qu'elle laissait sans réponse, une grande originalité.

Le projet présenté au Sénat, en exécution de sa promesse, par M. Waldeck-Rousseau, devenu Ministre de l'Intérieur, n'est qu'un développement de la proposition dont nous venons de parler. Une grande partie de l'exposé des motifs s'y trouve même répétée mot pour mot. Il y a pourtant çà et là quelques variations, quelques expressions heureuses. La pensée de l'auteur se fait d'ailleurs de plus en plus nette. Les solutions de détail abondent, traduisant les principes en dispositions pratiques.

Le projet contient d'ailleurs 27 articles, alors que la proposition précédente n'en avait que 9.

Commentant la législation encore existante, il la condamne d'un mot : « Entre ce qui est permis, dit-il, et ce qui est défendu, c'est un chiffre qui sert de frontière ».

Parlant ensuite des opinions émises sur la question : les

uns, dit-il, veulent la liberté absolue, plus de loi, comme si un acte de cette importance pouvait se passer de règles quand la vente, le prêt, la société ont les leurs. Tous les contrats sont subordonnés à des principes généraux tirés de l'intérêt public, et à des règles spéciales tirées de leur nature propre. La société de biens a ses règles ; l'association de personnes laissée sans limite, « serait l'exception dans le privilège substituée à l'exception dans la rigueur ».

Parmi ceux qui veulent une législation exceptionnelle, les uns la voudraient libérale, les autres restrictive.

La solution de ces derniers repose sur ce point de départ, qu'ils font de l'association un acte à part, qui n'offre rien de commun avec les autres actes, qui, comme elle, s'accomplissent par consentement mutuel.

Entre ces systèmes, il y a le droit commun. L'association est de sa nature une convention. Elle doit avoir un objet licite, respecter la liberté individuelle, n'être pas perpétuelle, et ne pas porter atteinte à la conservation de l'État.

Ces différentes garanties résultent du droit commun. Soutenir le contraire serait « faire le procès à l'état de société, à toutes les lois quelles qu'elles puissent être, car elles n'ont pas d'autre objet que de concilier la liberté de chacun avec l'intérêt de la communauté fondamentale ».

Le projet reprend ensuite toute la partie relative à la personnalité civile, fiction dont l'État est le maître, mais il entre sur cette question dans des développements beaucoup plus complets.

L'association, dit-il, est indépendante de toute possession de biens. « Elle n'est pure et simple qu'autant qu'il n'y a en commun que des facultés, des efforts, dans un but sans bénéfice. Non seulement elle n'implique pas l'accumulation de richesses, mais elle l'exclut ».

Mais il est rare qu'elle se présente à l'état simple qu'on vient de voir. Souvent les membres auront un apport. Y a-t-il là quoi que ce soit qui fasse craindre la mainmorte? Il y a tout simplement une société qui s'est formée à côté de l'association. Cette société ne diffère pas des autres. Chaque part de propriété distincte, que chaque associé y mettra, aura son équivalent dans son patrimoine par un titre ou un droit de même valeur soumis aux règles des sociétés de biens. Nous ajoutons : si cette société est commerciale, l'article 529 du Code civil, qui donne la personnalité aux sociétés commerciales, édicte que ce titre, ce droit seront mobiliers ; si cette société est civile, l'article 1832 en fait pour quelques-uns une simple indivision, et par conséquent ce droit sera, suivant sa nature propre, mobilier ou immobilier. Ce dernier point, disons-le en passant, n'est pas sans soulever de très fortes objections.

En un mot, on assimilera la possession de biens par les membres d'une associations, aux mêmes règles que si ces derniers ne joignaient pas cette qualité à celle d'associés purs et simples.

Tel sera le droit commun des associations. Quant à celles qui voudront davantage, qui, ayant en vue une œuvre d'utilité générale et d'intérêt permanent, désireraient affecter à cette œuvre, en vue de cette destination, des biens indépendants de la personne et du patrimoine des associés, il leur faudra demander la personnalité civile au pouvoir.

En dehors de cette personnalité accordée, toute tentative

tendant à la produire de plein droit est un acheminement à la mainmorte, et par conséquent un danger.

Le projet porte une disposition nouvelle, l'indication du temps pendant lequel devra durer l'association. En l'absence de cette indication, il suffit pour la dissoudre de la seule volonté des parties.

Enfin, il se termine par quelques distinctions entre les associations ordinaires et celles à personnalité civile.

Les biens, dans les premières, ne cessent pas d'appartenir aux associés, non plus, il est vrai, dans leur individualité, mais sous une forme équivalente, et quand la société finit, on se partage le fonds.

Dans l'association à personnalité civile au contraire, les biens qui la soutiennent, ses fondations, lui appartiennent en propre. Les associés n'y ont ni droits ni revenus. Elle survit d'ailleurs à ses membres, et, quand elle est dissoute, les associés ne peuvent prendre que ce que la loi leur a expressément permis. Le surplus appartient à l'État comme biens vacants, quand la dévolution n'en a pas été réglée, par la loi, à d'autres établissements publics.

Telles sont les idées de M. Waldeck-Rousseau sur la question. Il est regrettable qu'elles n'aient jamais été publiquement discutées ; elles méritaient un sort différent. Ce projet ne fut cependant l'objet d'aucun rapport.

Poursuivant la série des documents législatifs, nous trouvons une proposition de M. le comte Duchâtel présentée à la Chambre, le 25 mai 1886, comprenant huit articles, et précédée d'un exposé historique où la question de fond n'est pas abordée.

Cette proposition un peu sommaire distingue entre les établissements qu'une loi spéciale reconnaît d'utilité publique, qui jouissent par conséquent d'une vie civile complète, et ceux régulièrement constitués, qui ne pourront posséder que jusqu'à concurrence des biens indispensables au but qu'on se propose.

La Commission qu'on nomma pour étudier cette proposition fut saisie ensuite d'une proposition de M. Cunéo d'Ornano qui, se fondant sur un mouvement oratoire de M. Floquet, et sur la doctrine professée par le Gouvernement de la Défense nationale « considérant que l'article 291 n'était plus applicable », demande qu'on supprime en cette matière l'arbitraire gouvernemental, et propose un article unique d'abrogation.

Aucun rapport ne fut déposé sur ces deux propositions.

Une proposition beaucoup plus importante, tout au moins par son développement, fut déposée à la Chambre, le 3 avril 1888 par M. Marmonier.

Ce n'est certes pas un libéralisme excessif qui en a dicté l'exposé ni les dispositions : « Les lois libérales, dit M. Marmonier, tombent entre les mains de ceux qui ne les réclament que comme un moyen passager lorsqu'ils sont dans l'opposition ; elles deviennent, sans qu'on y prenne garde, un auxiliaire du despotisme ».

La conclusion serait qu'il ne faut jamais faire de lois libérales pour ne pas permettre au despotisme de ruiner avec cette arme les gouvernements imprudents, de s'emparer du pouvoir, et de remplacer les lois libérales par des lois oppressives.

On pourrait objecter qu'à ce jeu on n'aura jamais de lois libérales, dans la crainte de les perdre ; mais passons.

Après cette curieuse théorie, M. Marmonier explique l'État républicain, qui lui apparaît comme une association supérieure aux autres, et ne se confond plus comme autrefois avec la volonté d'un seul. Désarmer un État ainsi modifié, n'est-ce pas frapper l'autorité de tous ?

L'auteur veut donc un État puissant, mais cette puissance, c'est surtout comme une arme contre les congrégations qu'il la conçoit.

Il n'est d'ailleurs qu'avec regret partisan du système de répression qu'il déclare en passant discutable. Tout en rejetant le système mixte de M. Bertauld, il voudrait voir conserver l'autorisation par l'État. Il n'en propose pas moins la simple déclaration.

Les associations politiques contraires devront être interdites. Ce n'est pas de libéralisme, mais de faiblesse que fait preuve un gouvernement qui les tolère.

Le reste de l'exposé renferme une longue dissertation sur les congrégations et leur régime, et sur la mainmorte. I demande la disparition de ces établissements en contradiction avec l'esprit moderne.

La proposition de loi suit, ne contenant pas moins de 29 articles. Elle est suivie elle-même d'intéressants tableaux présentant l'importance et la valeur des immeubles des congrégations, etc., etc.

Nous aurons enfin terminé avec la précédente législature quand nous aurons parlé du projet de loi présenté sur la matière le 5 juin 1888, à la Chambre, par MM. Floquet, Ministre de l'Intérieur, et Ferrouillat, Ministre de la Justice.

Il n'y eut jamais, dit l'exposé, de réforme plus mûre que celle-ci, préparée qu'elle est par les esprits et acceptée par l'opinion.

L'exercice du droit d'association, inhérent à la nature humaine, est une condition de vie pour un régime fondé sur la souveraineté nationale. Il serait contradictoire en effet qu'un gouvernement républicain entravât le groupement des actions individuelles au lieu d'en tirer sa force. Il constitue le meilleur apprentissage de la vie publique, et constitue, pour un État, un devoir d'éducation civique à remplir.

Bien que le péril de la mainmorte ne puisse être nié, on préviendra d'abord tout abus en ce qui concerne les vœux qui sont un élément de mainmorte, en donnant à tout instant le droit à l'associé de se retirer.

Il ne faut pas confondre l'existence de l'agrégation avec la capacité civile. Cette dernière n'est pas une conséquence nécessaire de l'existence légale. Le droit de vivre est primordial, la personnalité accessoire.

C'est, continue l'exposé, grâce à cette distinction applicable à toutes les associations, qu'il est possible de leur assurer la liberté de vivre sans compromettre les droits de l'État. La liberté de vivre résulte de la nature des choses ; la personnalité est au contraire une fiction légale.

Toutes associations se constitueront en toute liberté, mais ce sera la loi seule qui donnera la personnalité civile.

Le but illicite sera laissé à l'appréciation des tribunaux

qui prononceront, suivant le droit commun, la condamnation et même la dissolution.

Les associations d'étrangers, ou dirigées par des étrangers, pourront être dissoutes par décret.

Quant à celles simplement déclarées, elles pourront contracter, ester en justice sous le nom de leurs représentants, et placer leurs économies en rentes nominatives sur l'État, ou garanties par lui.

Elles pourront posséder sans artifice les immeubles qui leur sont nécessaires, notamment celui de leur siège social, et ceux qui sont les instruments de leur activité.

Afin de fermer toute issue à la fraude, ces immeubles ne sauraient être productifs d'intérêts, ni être affectés à l'usage personnel des associés. En un mot, « l'association pourra avoir un domaine public, non un domaine privé ».

On remarquera que cette capacité restreinte est déjà mise en pratique par la loi sur les syndicats.

M. Floquet prévoit la séparation des Eglises et de l'État, et assigne à ces établissements simplement déclarés, la liberté de posséder librement, sans être obligés de demander la personnalité civile, les immeubles consacrés au culte.

On conviendra que le régime proposé ne comporterait pas pour les Eglises, réduites à n'être que des êtres vivants mais sans personnalité, et incapables de recevoir des libéralités, une situation de nature à faire ombrage au pouvoir de l'État.

C'est ainsi que la proposition « élargit les limites dans lesquelles l'association pourra se mouvoir ».

Quant aux établissements reconnus, leur personnalité

civile ne s'exercera pas de plein droit. Chaque fois qu'ils en voudront faire usage, il leur faudra se faire autoriser par décret en Conseil d'État. Cette disposition sera un frein à la mainmorte.

La proposition se termine par des limitations, précautions, pénalités et dispositions transitoires diverses.

Le projet qui précède ne fut ni discuté ni même rapporté, et la législature se termina sans qu'une seule des propositions énumérées eût vu le jour de la discussion publique.

Si les commissions ne se signalèrent pas par leur activité, c'est qu'elles savaient sans doute, par l'expérience de leurs devancières, le sort rapide et toujours identique que les discussions publiques réservent, en la matière, à leurs projets les plus longuement préparés.

SECTION VI. — PROPOSITIONS PRÉSENTÉES PENDANT LA LÉGISLATURE COURANTE.

Ce n'est pas maintenant sans une certaine appréhension que nous nous aventurons sur le terrain brûlant de la législation actuelle.

Les principes sont de plus en plus des noms propres. L'accord n'est pas résulté des luttes récentes, au résultat de plus en plus incertain ; l'apaisement, pas davantage. Il nous faut cependant terminer notre exposé historique dans lequel nous apporterons, s'il est possible, plus d'impartialité encore que par le passé.

Le 19 novembre 1889, M. Cunéo d'Ornano et quelques-uns de ses collègues de la droite présentèrent à nouveau, et conçue dans les mêmes termes, la proposition d'abrogation qu'ils avaient faite à la précédente législature.

Dans un rapport sommaire, le 19 décembre suivant, M. Royer, sans rechercher les opinions personnelles des auteurs, propose la prise en considération, afin que la législature qui s'ouvre soit dès son origine saisie de cette importante question. La proposition fut prise en considération, et une commission fut nommée.

Une proposition plus sérieuse fut ensuite présentée par M. Reybert et renvoyée à la commission, le 22 février 1890.

Il faut, dit-elle, mettre fin au régime de l'application intermittente de l'article 291.

'La question est mûre ; on a tout examiné. Si on veut cette fois aboutir, il faut commencer cette étude qui donnera lieu à de longues et laborieuses discussions.

M. Brisson avait dit en 1872 : « Si vous donniez aux associations politiques la même liberté qu'aux associations religieuses, et si vous nous rassuriez en même temps contre la reconstitution de la mainmorte, nous accepterions votre loi sans réserve ». La majorité républicaine a-t-elle gardé ces sentiments ?

M. Reybert propose à nouveau que les associations simplement déclarées ne puissent posséder que des apports, cotisations, paiements de fournitures ou de services rendus ; et que ces biens ne puissent consister qu'en immeubles ou en titres nominatifs sur l'État.

Un bilan fourni tous les ans sera frappé d'une taxe équivalant exactement aux charges supportées par les capitaux pour les droits de mutation. A partir d'un million, cette taxe sera doublée. La sanction serait la dissolution suivie de confiscation.

Telle est la partie originale de cette proposition.

L'ordre des dates nous force à nous occuper maintenant, bien qu'elle ne soit pas encore venue en discussion, de la proposition de M. Goblet, présentée au Sénat, le 21 décembre 1891. Cette proposition qui fait en ce moment l'objet de remaniements nombreux de la part de la commission, voudrait d'abord exempter de la formalité de la déclaration, les associations ne comportant pas la vie en commun.

Elle est d'avis de n'accorder la personnalité civile qu'aux associations qui présentent un caractère d'utilité publique. Les autres jouiront des revenus propres à leurs membres et du fruit des cotisations, mais sans pouvoir les capitaliser.

Les établissements religieux, sauf la formalité légitimée par la vie en commun, ne seront l'objet d'aucune disposition restrictive. Toute exception de cette nature paraîtrait d'autant moins justifiée que l'opinion tend de plus en plus à la séparation des Églises et de l'État, et qu'il faudra bien alors permettre aux associations de pourvoir au culte.

La proposition en 11 articles n'est que la reproduction de ce qui précède. On y trouve en outre des pénalités et des dispositions transitoires.

On ignore encore quel sera le sort réservé à la proposition Goblet. La commission qui l'étudie, et y substitue un texte en partie nouveau, où reparaît la nécessité de la déclaration, commence en ce moment à examiner la question des congrégations religieuses. Autant dire que tout est encore à faire.

Nous terminerons notre exposé historique par l'examen du projet soumis à la Chambre par MM. Fallières et Constans, et qui fut renvoyé à la Commission déjà saisie des deux propositions Cunéo d'Ornano et Reybert.

L'exposé des motifs juge inutiles des développements que ne comporte plus la question. Le projet déclare se limiter aux associations de personnes.

La seule obligation consistera désormais pour les associations à faire connaître par les statuts, leur composition, ressources, moyens d'action.

Elles auront toute liberté, excepté dans le cas où elles seraient contraires aux bonnes mœurs, aux lois ou à l'ordre public. Ce serait alors le procureur de la République qui assignerait l'association en nullité.

Les biens seront limités aux immeubles nécessaires strictement à l'objet poursuivi, et, quant aux meubles, aux souscriptions et cotisations, avec permission de placer les fonds disponibles. Défense est faite de recevoir des libéralités, à l'exception toutefois des objets mobiliers destinés, soit à être consommés, soit à servir en nature à l'œuvre.

Une association, n'étant pas instituée en vue de l'enrichissement de ses membres, n'a droit qu'à ce qui lui est nécessaire pour atteindre son but.

Par une dérogation aux règles ordinaires, l'association pourra ester en justice par l'intermédiaire de ses représentants. Cette exception ne compromet aucun intérêt essentiel.

Tel est le régime de droit commun qui s'appliquera même aux établissements religieux, mais, en cette matière, avec deux exceptions :

1° Toute personne qui voudra se retirer d'une association de cette nature pourra toujours le faire, malgré toute clause ou engagement contraires, et reprendre son apport sans qu'on puisse lui opposer aucune compensation.

2° Tout établissement où se pratiquera la vie en commun pourra être visité par les représentants de l'autorité administrative ou judiciaire.

Les associations composées en majeure partie d'étrangers, ainsi que celles qui se rattachent à des groupes fonctionnant à l'étranger, pourront, par exception, être dissoutes par le Gouvernement. En dehors de ces cas, la dissolution ne pourra résulter que d'un jugement établissant contravention à la loi.

Une loi seule pourra donner et retirer aux associations qui la solliciteront la personnalité civile, élément artificiel.

Les sanctions pénales sont l'objet d'une sollicitude toute particulière, et le projet se termine par les dispositions transitoires et abrogations de rigueur.

Le 18 février 1892, M. Hubbard demanda l'urgence sur le projet qui précède, mais en y attachant le sens, que le Gouvernement n'avait pas eu en vue, d'un premier pas dans la voie de la séparation des Églises et de l'État.

Un débat très animé eut lieu au sujet de l'urgence que réclamait pour l'extrême-gauche M. Hubbard. Nous le passerons sous silence malgré l'intérêt qu'il présente : c'est un remarquable modèle de tactique parlementaire appliquée au renversement d'un cabinet ; il est donc complètement étranger à notre sujet.

Le Ministère fut renversé, par une coalition de droite et

d'extrême-gauche, sur l'ordre du jour auquel il s'était rallié. A la suite des votes contradictoires qui suivirent, l'urgence que réclamaient les coalisés ne fut même pas déclarée. Il n'y avait donc rien de changé ; il n'y avait qu'une crise ministérielle de plus.

Aujourd'hui la question reste entière. A la Chambre aucune nouvelle proposition n'ayant été présentée, la question reste en suspens. La commission du Sénat aura sans doute terminé dans quelques mois son travail sur la proposition de M. Goblet, et l'an prochain nous réserve un débat parlementaire nouveau. Nous craignons bien qu'il ne parvienne pas plus que les autres à rallier les suffrages. La question, déjà complexe en elle-même, est rendue plus difficile encore par les passions qu'elle soulève, et le nombre croissant des solutions particulières que fait naître son étude.

Notre exposé historique ne comprend pas moins, depuis 1871, de 19 projets ou propositions, sans compter les documents qui, étant de moindre importance, ont pu nous échapper. Ce chiffre formidable nous montre à la fois la nécessité d'une loi réglementant la matière, et les difficultés nombreuses dont nous allons maintenant aborder l'étude.

CHAPÎTRE IV

L'association peut se constituer de deux manières : librement, ou avec l'agrément du pouvoir.

Le premier système est connu sous le nom de système répressif, le second sous celui de système préventif. D'une part on prévient, par une intervention du pouvoir, un mal simplement possible, tandis qu'on attend pour le réprimer dans le second système, qu'il ressorte avec évidence, soit des statuts, soit des actes de l'association.

Bien que ces expressions puissent laisser croire que l'association sera habituellement la cause d'un délit, nous continuerons à les employer pour la brièveté du langage.

Le système préventif est jugé. Il est l'affirmation sans réplique non pas de la puissance de l'État, mais de sa brutalité et de son arbitraire. Nous sommes un des trois derniers pays d'Europe où il est encore debout. Bien qu'il n'existe plus chez nous que d'une façon nominale, il a arrêté jusqu'à présent les efforts collectifs qui n'avaient pas un but exclusivement pécuniaire, et empêché, dans le domaine de l'idée, un mouvement parallèle à celui que les sociétés commerciales ont réalisé dans le domaine de l'argent.

M. Marmonier qui a eu seul, en ces derniers temps, le

courage de regretter le système préventif, est bien forcé de le reconnaître, lui-même, impraticable.

La proposition qui sert de trait d'union entre la législation du passé et celle de l'avenir, celle de M. Bertauld, que nous avons du reste amplement développée sur ce point particulier, n'a pas réussi à faire prévaloir un système préventif dissimulé ; on peut même dire que cette cause détestable, malgré l'habileté avec laquelle elle fut défendue, n'a pas peu contribué à la mauvaise fortune de la proposition tout entière.

Qu'on donne à l'Administration ou aux Tribunaux le droit de décider si une association doit naître, l'arbitraire est égal ; mieux vaudrait même, affirmait M. Naquet, l'arbitraire de l'Administration, informée du moins plus sûrement que la Justice des nécessités de son époque.

Reste le système répressif, ou de la liberté, deux mots qui, malgré leur apparente antinomie, sont ici synonymes.

Un seul homme politique, M. Goblet, a émis l'avis ultra-libéral de la constitution de plein droit, sans déclaration au pouvoir. Sa proposition, étudiée en ce moment au Sénat par une commission particulière, a déjà éprouvé sur ce point un premier échec, et tout porte à croire que, malgré la grande autorité de son auteur, pareil accueil lui sera réservé à la tribune, au jour de la discussion.

Tout le monde, à cette exception près, étant d'accord sur la nécessité d'une déclaration, on peut voir se poser les questions suivantes auxquelles il nous faut répondre :

1° A quelle époque doit se faire la déclaration ?

2° A qui doit-elle être faite ?

3° Que doit-elle contenir ?

4° Pénalités encourues en cas de non déclaration.

5° Pénalités encourues en cas de déclaration mensongère.

6° Formalités à remplir en cas de modification dans les statuts ou dans le personnel.

7° Des groupes particuliers.

8° Reconstitution, ou maintien en fonctionnement d'une association dissoute.

SECTION I. — A QUELLE ÉPOQUE DOIT SE FAIRE LA DÉCLARATION.

M. Bertauld l'exige quinze jours avant la constitution, mais la déclaration n'est ici qu'une forme de la demande en autorisation, et nous n'insisterons pas.

C'est M. Jules Simon qui a introduit le premier la formule heureuse de la déclaration « obligatoire avant tout acte ».

Tant qu'elle n'a pas accompli le premier acte de la vie civile, l'association n'est pas sortie de la période d'organisation ; il est encore possible qu'elle ne se forme pas. Ce n'est qu'au moment où, définitivement constituée, elle va entrer dans la période d'action, qu'elle doit attirer l'attention du pouvoir ; c'est à ce moment seulement que le pouvoir a le droit de savoir en face de qui il se trouve.

Cette rédaction, que nous voudrions voir définitivement adoptée, a du reste été reprise par presque tous les auteurs des propositions qui ont suivi. On la trouve notamment dans les propositions de MM. Eymard-Duvernay, Duchatel, Floquet, et, tout récemment, dans le projet Fallières.

Ce dernier modifie seulement l'expression et propose de dire : avant tout fonctionnement.

Le mot acte a-t-il paru comporter un caractère trop spécial, et ne pas embrasser toute la sphère d'action possible de l'association? A-t-on craint de le voir pris dans le sens, plus restreint encore, d'*instrumentum*? C'est possible, mais au fond les deux expressions se valent.

On ne trouve en cette matière que fort peu de variantes. Quelques propositions toutefois ne précisent pas d'époque.

M. Marmonier propose, sans doute dans un but de précision, que la déclaration soit faite un mois après l'organisation. Il craint probablement qu'une association n'oppose, pour échapper à la nécessité de la déclaration, et contrairement à la réalité, qu'elle n'a pas encore fonctionné.

Cette crainte nous paraît injustifiée. Le délai d'un mois nous semble au contraire de nature à donner lieu aux difficultés que l'auteur cherchait à éviter. Une stricte interprétation de texte tendrait en effet à permettre aux associations de contracter en toute liberté dans l'intervalle du mois qui s'étend entre leur organisation parfaite et la déclaration. Ce n'est assurément pas ce que l'auteur a voulu dire.

Nous avons dit un mot déjà de la proposition, assurément originale, de M. Goblet, qui demande que toute association de personnes puisse se former sans autorisation ou déclaration préalables, pourvu qu'elle ne soit pas contraire aux lois, aux mœurs ou à l'ordre public.

Qui sera juge, avant tout acte, du caractère licite? Apparemment l'association elle-même, puisque son établissement sans déclaration prouve qu'elle ne se croit dans aucune des catégories incriminées.

Comment le pouvoir judiciaire pourra-t-il reconnaître le caractère illicite ? Ce ne sera sans doute qu'au premier acte commis contre les lois, les mœurs ou l'ordre public.

Si une association se forme nettement en vue d'un objet contraire aux mœurs ou à l'ordre public, comme aucune déclaration n'est demandée, le pouvoir judiciaire ne sera légalement saisi que par le premier acte délictueux. Toute intervention de sa part avant l'acte ne reposerait sur aucune base. Cette proposition qui enlèverait à l'État tout pouvoir de police, peut donc être critiquée malgré son libéralisme remarquable, auquel il convient de rendre hommage. Il était cependant utile qu'elle fût formulée. Il est à l'honneur de M. Goblet d'avoir osé réclamer, pour la première fois, le droit absolu de l'association à l'existence, en proposant la liberté complète d'établissement, et il faut s'attendre à ce que cette opinion, tout au moins généreuse, soit énergiquement défendue par son auteur.

On la doit sans doute au mensonge prévu des déclarations, qui toujours feront ressortir un but licite. Il semble dès lors bien préférable d'établir des pénalités en cas de déclaration mensongère.

Nous ne pensons pas cependant que cette théorie, qui équivaudrait, dans l'ordre civil, à la suppression des actes de naissance, réussisse à passer jamais dans la législation.

La Commission sénatoriale, saisie en ce moment de la proposition ci-dessus, en a du reste déjà modifié le texte : la déclaration, dit le projet de la commission, doit être faite avant tout acte.

SECTION II. — A QUI DOIT ÊTRE FAITE LA DÉCLARATION.

La déclaration doit être faite au préfet et au procureur général, dit M. Bertauld ; à la mairie proposent MM. Cantagrel et Eymard Duvernay. C'est également l'avis de la Commission sénatoriale qui examine la proposition de M. Goblet.

L'avis général est que la déclaration soit faite, à Paris à la Préfecture de la Seine (d'autres préfèrent la Préfecture de police), et dans les départements, à la Préfecture ou à la Sous-préfecture, suivant l'arrondissement où se trouve le siège de l'association.

M. Floquet propose que la déclaration puisse être envoyée par lettre recommandée, et dont on devra accuser réception. Le récépissé constituerait ainsi, aux mains de l'association, une preuve de la régularité de sa déclaration, et lui permettrait de commencer son fonctionnement sans craindre de contravention.

M. Duchâtel demande que la Préfecture ou la Sous-préfecture préviennent le Procureur du dépôt. C'était inutile à dire, car c'est le Procureur qui serait chargé, le cas échéant, de provoquer la dissolution de l'association, et de requérir, suivant certains, des peines contre ses membres, si ses statuts étaient reconnus illicites.

Nous optons, comme MM. Jules Simon, Duchâtel, Floquet, etc., pour la déclaration à la préfecture. Le préfet est l'agent du pouvoir central le plus direct ; il le représente à tel point que ce caractère prime tous les autres. Il est donc placé tout naturellement pour recevoir des déclarations qui, avant même d'intéresser la justice, doivent provoquer l'attention du gouvernement.

Nous devons avouer toutefois que la déclaration au parquet ne nous semble pas autrement déraisonnable. C'était l'opinion de M. Marmonier ; elle figure également dans le projet Fallières.

Par contre nous ne voyons pas quelle peut être l'utilité d'une déclaration à la mairie. Outre qu'elle exige des expéditions à la préfecture et au parquet, elle ne nous semble reposer sur aucun motif sérieux.

C'est peut-être en sa qualité d'officier de l'état civil, qu'on a voulu charger le maire, par une assimilation hardie, de l'état civil des *êtres de raison*.

SECTION III. — QUE DOIT CONTENIR LA DÉCLARATION.

Dans la plupart des projets, la déclaration faite par les fondateurs doit énoncer leurs noms, professions, domiciles, ainsi que ceux des administrateurs ; les nom, objet, siège social et statuts de l'association.

M. Marmonier y ajoute, avec raison selon nous, l'obligation d'une copie de l'acte constitutif qui, réglant les questions d'intérêt, est en général distinct des statuts.

De plus, une liste à jour des noms, professions, domiciles des associés doit être tenue, au siège social, constamment à la disposition des agents du pouvoir.

A côté de ces exigences légitimes, et en somme assez faciles à remplir, M. Marmonier demande les actes de naissance et casiers judiciaires des fondateurs et administrateurs. Outre ce qu'une pareille exigence pourrait avoir de blessant, outre la défaveur qu'elle semble vouloir faire peser sur les associations en général, il est maladroit d'exiger des fondateurs un luxe de formalités qui éloignera de l'idée d'association · les gens qui poursuivent un but louable et désintéressé. Ce ne seront pas, à l'inverse, les formalités qui arrêteront la constitution des associations les moins intéressantes.

Parmi les dispositions inutiles figurent celles de MM. Bertauld et Cantagrel, qui voudraient qu'on ajoutât la destination des ressources de l'association. La destination des ressources n'est-elle pas suffisamment indiquée par le but même que poursuit l'association, et qu'elle a déjà déclaré ?

Nous voudrions par contre voir passer dans la loi la clause introduite par M. Jules Simon, d'après laquelle toute association qui se fonde doit, en même temps que les autres formalités, déclarer sa situation financière.

Cette idée a été reprise par le projet de M. Fallières qui exigeait la déclaration des ressources de l'association, et tout spécialement, la nature et l'importance de l'apport de chacun de ses adhérents.

Il serait même bon que cette situation financière fût tenue à jour par une comptabilité claire, et restât au siège social, à la disposition des agents du Trésor.

Certains projets demandent de doubles, ou même de triples expéditions des statuts ou autres pièces figurant dans la déclaration. Cette exigence nous semble faire partie des dispositions dont nous parlions plus haut, et qui sont plutôt de nature à éloigner de l'association ceux qu'effrayeraient des formalités multipliées. Ceci est d'ailleurs besogne administrative. D'autres encore exigent de l'association, qu'en même temps qu'elle indique son siège social, elle donne ses lieux de réunion. Il nous semble qu'ici une distinction doive se faire. Écartons d'abord l'hypothèse dans laquelle le lieu de réunion, comme cela se passera habituellement, sera le siège social lui-même.

La distinction est de savoir si le lieu de réunion, établi en dehors du siège social, sera habituel ou accidentel.

Dans le premier cas, il faut, à notre avis, qu'une déclaration du lieu de réunion distinct soit faite.

En cas de réunion accidentelle, aucune formalité ne doit être exigée, ni lors de la déclaration, ni lors de la réunion, à l'exception cependant du cas où cette réunion devrait être publique.

Il faudrait alors se conformer à la loi de 1884, quel que puisse être le lieu de réunion.

Quelques propositions ont voulu remplacer la déclaration par un système de publicité. M. Waldeck-Rousseau, dont le projet présente déjà sur d'autres points des dispositions originales, propose que l'association fasse connaître son existence par affiche apposée au greffe du tribunal civil, insérée dans cinq des journaux du département, et contenant les noms, professions et domiciles des associés, la désignation des administrateurs et des lieux de réunion, et les statuts.

Dans le même ordre d'idées, M. Marmonier outre l'affichage au greffe, n'exige l'insertion que dans le journal où se font les insertions légales.

Cette disposition, qui rappelle celle de l'article 872 du

Code de procédure civile, semble exigée dans un but de publicité plus large. On peut cependant se demander en quoi la constitution d'une association peut intéresser les tiers qui ont toujours le droit, en cas de convention avec elle, d'exiger les pièces qui constatent sa constitution légale. Il n'y aurait donc pas lieu d'admettre un genre de publicité inutile, et de nature à entraîner d'ailleurs des frais d'insertion assez considérables.

SECTION IV. — PÉNALITÉS ENCOURUES EN CAS DE NON DÉCLARATION.

Les fondateurs ou administrateurs qui n'auront pas fait la déclaration seront punis d'une amende de 50 à 1000 fr. et d'un emprisonnement de 15 jours à 3 mois, dit M. Bertauld.

MM. Jules Simon et Duchâtel sont d'avis d'infliger aux fondateurs une amende de 1000 francs et, en cas de récidive, un emprisonnement de 6 mois.

M. Waldeck-Rousseau propose la dissolution de l'association, poursuivie à la requête de tout intéressé, sans en excepter même les membres, et du ministère public.

M. Marmonier, dont la proposition est ici très libérale, fait cumuler la dissolution avec l'amende et la prison. L'amende est de 500 à 2000 francs, la prison de 2 à 10 jours.

M. Floquet propose une amende de 200 à 500 francs, et, en cas de récidive, un emprisonnement de 1 à 6 mois. La même pénalité est applicable à ceux qui auraient refusé de communiquer la liste.

Enfin le projet Fallières dépasse de beaucoup la rigueur

habituelle, en infligeant aux associés un emprisonnement de 6 jours à 6 mois, une amende de 50 à 1000 francs, et en cas de récidive un emprisonnement de 6 mois à 2 ans et une amende de 1000 à 3000 francs.

On a probablement voulu assimiler ici, dans une certaine mesure, l'association non déclarée à la société secrète, et édicter contre elle des pénalités analogues à celles de l'article 13 du décret du 28 juillet 1848 sur les clubs. Ce décret, improprement dénommé loi dans toutes les propositions, punit ceux qui seront convaincus d'avoir fait partie d'une société secrète, d'une amende de 100 à 500 francs, d'un emprisonnement de 6 mois à 2 ans, et de la privation des droits civiques pendant une période d'un an à 5 ans ; les pénalités sont même portées au double contre les chefs et fondateurs.

On ne saurait cependant assimiler dans tous les cas une association non déclarée à une société secrète, bien qu'elles soient, au point de vue des formalités tout au moins, dans la même situation. La première, opérant au grand jour, doit bénéficier aux yeux du pouvoir d'une présomption de caractère licite. Il ne lui manque d'ailleurs qu'une formalité pour être légale. La société secrète sera l'objet d'une présomption contraire, puisqu'elle se cache.

Nous voudrions donc voir les fondateurs, avertis par une simple amende, de l'illégalité du fonctionnement de leur association. Cette amende devra être fort variable à cause de la différence d'importance qui peut exister entre les associations : elle pourrait par exemple être de 50 à 1000 francs, comme le proposait M. Bertauld.

Cette amende constituerait une sommation non équivo-

que de faire la déclaration légale, pour laquelle le jugement accorderait du reste un délai strictement suffisant.
En cas de non déclaration dans le délai indiqué, la dissolution serait nécessairement prononcée.

On appliquerait la même peine au refus de communiquer la liste des membres ou les registres de comptabilité.

Une liste incomplète, une comptabilité présentant des
lacunes ou des inexactitudes, entraîneraient sous les
mêmes distinctions, d'abord l'amende, puis la dissolution.

SECTION V. — PÉNALITÉ ENCOURUE EN CAS DE
DÉCLARATION MENSONGÈRE.

Les fondateurs d'une association peuvent déclarer un
but licite et poursuivre un but illicite, ou même un autre
but licite qu'ils veulent taire, et qu'il importe au pouvoir
de connaître ; déclarer un nombre d'associés moindre ;
tromper sur la nationalité de quelques-uns d'entre eux,
dans les projets qui exigent cette mention ; déclarer un
chiffre de ressources inférieur à la réalité, ou diminuer dans
la déclaration l'apport de chacun des associés, afin de les
tenir à leur merci.

Toutes ces différentes fraudes ont été rarement prévues
dans les propositions soumises au Parlement.

On ne prévoit la plupart du temps que la poursuite d'un
but étranger aux statuts, et on frappe de pénalités variées
les fondateurs ou administrateurs, ainsi que les associés
qui y prennent part.

Les uns proposent une simple amende. M. Waldeck-

Rousseau demande la dissolution ; d'autres font cumuler la dissolution, l'amende et la prison.

Dans le projet de M. Fallières, la peine est une amende de 500 à 1000 francs, et, en cas de récidive, un emprisonnement de 1 à 6 mois.

Notre avis est qu'il faut traiter la poursuite d'un but étranger aux statuts, comme si l'association, déclarée pour un autre but, n'avait fait, sur ce point spécial, aucune déclaration.

En ce qui concerne le but qu'elle poursuit, ce mode de traitement est conforme à la réalité. C'est, sur le point particulier, une association non déclarée, et on retombe dans le cas de la section précédente.

Nous supposons bien entendu que le but poursuivi et non déclaré est lui-même licite. S'il en était autrement, l'association se trouverait dans une situation beaucoup plus grave, dont nous traiterons plus loin, lorsque nous examinerons le caractère illicite.

On peut objecter qu'il y a, entre une association non déclarée et une association dont le but est inexactement déclaré, une différence caractéristique ; la non déclaration peut être un oubli, la fausse déclaration est toujours un mensonge. C'est rigoureusement exact, mais la fausse déclaration n'acquiert en fait une véritable gravité qu'autant qu'elle sert de masque à une association poursuivant un but illicite. D'ailleurs il se peut que le but non déclaré soit connexe, ou préalable à l'autre.

Les autres inexactitudes contenues dans la déclaration pourraient être frappées de peines en rapport avec leur importance. Les dissimulations d'apports ou de ressources

pourraient être notamment frappées d'une amende proportionnelle aux sommes dissimulées. Nous n'entrerons
pas dans les détails.

SECTION VI. — FORMALITÉS A REMPLIR EN CAS DE MODIFICATIONS
DANS LES STATUTS OU DANS LE PERSONNEL.

Le principe est qu'on exige, en cas de modifications aux
statuts, une déclaration semblable à la déclaration originaire, et notifiée dans les mêmes formes. Quant aux modifications, l'association est considérée comme nouvelle.

On ne trouve, en cette matière, dans toutes les propositions, que l'unanimité, ou un silence y équivalant. Ceux
qui exigent une publicité spéciale répètent leurs exigences
en cas de simple modification : cette logique s'est imposée
à tous.

Comment doit-on déclarer les modifications survenues
dans le personnel et dans l'administration de l'association?

Cela dépend: si on admet, avec presque toutes les propositions, que les noms seuls des fondateurs et administrateurs doivent être déposés, on ne devra répéter les mêmes formalités que pour les changements survenus parmi
les administrateurs. Il suffira, pour les autres associés, de
tenir au siège social une liste avec les mentions exigées.

Si on exige le nom des associés dans la déclaration primitive, il faudrait bien, malgré le caractère déraisonnable
de cette exigence, faire, à chaque modification survenue
dans le personnel de l'association, une déclaration dans les
mêmes formes.

Il faudrait enfin appliquer, aux modifications non déclarées, la sanction de l'omission de la déclaration principale.

SECTION VII. — DES GROUPES PARTICULIERS.

Il peut arriver qu'une association, surtout si elle poursuit un objet populaire et qui réponde à un besoin général, soit la source d'autres associations, parfois nombreuses, dérivant d'elle au point de lui emprunter sa forme et ses statuts, et d'accepter sa direction générale, participant ainsi intimement à son but, mais constituant pourtant un groupement particulier, doué d'une certaine indépendance.

Ces groupes particuliers, portant le même nom, régis par les mêmes statuts, auraient pu être considérés comme devant participer à l'existence de l'association principale, sans être astreints à faire une déclaration nouvelle.

Une telle immunité eut été de nature à créer de sérieux inconvénients :

Ces groupements, parfois très éloignés de l'association principale, auraient pu, affranchis de toute mesure de publicité, demeurer fort longtemps à l'abri de la surveillance du pouvoir.

D'autres inconvénients existent également, quant aux biens, d'une situation financière non déclarée.

Enfin il peut résulter d'un tel état un genre de fraude particulier : une association pourrait, dans le but de s'attirer des adhésions, emprunter le nom d'une autre association honorablement connue et florissante, et s'en prétendre, sans contrôle facile de la part de celle-ci, un groupe particulier.

Toutes ces raisons, et sans doute d'autres encore, ont fait que, dans tous les projets soumis aux délibérations du

7

Parlement, on a établi, pour tout groupe particulier dépendant d'une association principale, l'obligation de renouveler la première déclaration.

M. Cantagrel ajoute que le groupement nouveau doit déclarer ses directeurs particuliers. C'était inutile à dire. Il ne peut déclarer que les mêmes statuts sous peine de ne pas être un groupe particulier de l'association de laquelle il se recommande. Quant au reste, tout doit se passer comme si l'association était réellement autonome.

Une autre exigence ressort de la proposition Bertauld : Tout groupement particulier doit rappeler dans sa déclaration la date et le lieu de la déclaration primitive.

Cette disposition nous semble excellente. Après avoir été tenue en oubli dans presque tous les projets présentés, elle a reparu dans le projet Fallières avec plus de précision : « Tout groupe, section ou succursale, dit l'article 4, est tenu de remplir les formalités exigées par les articles 2 et 3 dans l'arrondissement où il doit avoir son siège, et d'indiquer le titre et le siège de l'association à laquelle il se rattache ».

Le pouvoir se trouve donc, grâce à cette déclaration, renseigné sur l'importance des associations, importance singulièrement accrue par des faisceaux de groupements particuliers, et peut connaître exactement les moyens d'action dont elles disposent.

Les peines seraient, en cas de contravention, les mêmes que celles infligées à l'association principale, soit en cas d'absence de déclaration, de fausse déclaration, ou de statuts modifiés sans déclaration.

SECTION VIII. — RECONSTITUTION OU MAINTIEN EN FONCTIONNEMENT D'UNE ASSOCIATION DISSOUTE.

Bien que l'examen des problèmes que soulève la dissolution d'une association ne doive venir que plus tard, nous parlerons cependant ici de la reconstitution d'une association dissoute, cette question pouvant être considérée comme le complément de l'ordre d'idées dans lequel nous sommes engagé.

M. Bertauld punit cette reconstitution des peines les plus sévères de sa proposition, sans préjudice de la dissolution, qui a lieu ici de plein droit.

M. Waldeck-Rousseau propose une amende de 50 à 500 francs et un emprisonnement de 15 jours à 6 mois. M. Floquet punit toute reconstitution, sous quelque dénomination qu'on la fasse, d'une amende de 500 à 2000 francs et d'un emprisonnement de 6 mois à 2 ans. Ces peines sont applicables aux fondateurs et administrateurs.

Des peines à peu près semblables atteindraient, d'après le projet de M. Fallières, ceux qui ont maintenu en fonctionnement, ou reconstitué, sous son nom ou sous un autre une association dissoute.

Nous adoptons la formule du projet de M. Fallières et les pénalités du projet de M. Floquet. La reconstitution d'une association dissoute nous apparaît comme une méconnaissance doublement répréhensible, et partant sans excuse, des droits supérieurs de l'État.

CHAPITRE V

Lorsqu'une association se forme sans déclaration, elle n'est qu'illégale. Le vice qui l'atteint est tout extérieur, et il suffit d'une simple formalité pour qu'il disparaisse.

Le caractère illicite au contraire atteint l'association elle-même, dans son principe. Il la vicie à tel point que, lorsqu'il est constaté, il devient pour elle une cause de dissolution inévitable.

Si le caractère illicite ne résulte pas de l'absence de déclaration, il ne résulte pas davantage des actes délictueux commis par l'association ou en son nom. Ces actes seront l'objet d'une répression particulière.

SECTION I. — STATUTS ILLICITES.

Le caractère illicite ressort de l'examen des statuts. C'est l'association jugée avant l'acte, sur ses intentions et ses tendances, telles qu'elles résultent de sa propre déclaration. Si, en dépit de statuts licites, une association commet un acte délictueux, on la poursuivra pour le délit qu'elle aura commis, non comme illicite.

Voici les précédents sur la question :

On sait tout d'abord que M. Bertauld considérait comme illicite toute association ayant pour but de changer la forme du gouvernement établi, de mettre obstacle à l'action des pouvoirs publics ou d'en usurper les attributions, de provoquer, organiser ou subventionner des grèves, ou d'entraver par un moyen quelconque la liberté du travail ou des conventions, enfin de porter atteinte au libre exercice des cultes, aux principes de la morale publique et religieuse, de la famille, de la propriété, ainsi qu'à l'ordre public et aux bonnes mœurs.

Nous ne reviendrons pas sur des développements déjà donnés. La cause semble jugée.

M. Cantagrel, préoccupé d'un but exclusivement anticlérical, ne voit le caractère illicite que dans les associations qui auraient pour but ou pour moyens d'action, ou dont les agissements auraient pour effet de lier les personnes par des vœux ou des serments, ou qui, par des engagements quelconques, les rattacheraient à une autorité politique ou religieuse étrangère.

La tendance actuelle est de ne plus considérer comme illicites les associations où se pratiquent les vœux. La loi se borne à ne pas reconnaître les vœux. Cette matière sera d'ailleurs l'objet d'un examen spécial.

Quant à la conception de M. Cantagrel, elle nous semble à tel point étroite que nous voulons croire que, pour les autres caractères illicites possibles, il a entendu s'en rapporter à l'appréciation des Tribunaux.

M. Jules Simon décide, dans l'article 16 de sa proposition, que s'il résultait, soit de la déclaration, soit des changements survenus et déclarés, que l'association doit se livrer à des actes que la loi qualifie crimes ou délits, ou considérés comme contraires aux mœurs, les représentants

seraient poursuivis en police correctionnelle, condamnés
à une amende de 500 à 2000 francs, et l'association serait
de plein droit dissoute.

M. Jules Simon a, on le voit, compris le caractère illicite de la même façon que nous l'avons exposé au début.
Il l'a dégagé des contraventions ou délits dont l'association
pourra dans la suite être l'occasion. De plus, il s'en rapporte à la loi pour déterminer le caractère délictueux du
but indiqué dans les statuts, et aux juges pour décider si
l'association est contraire aux mœurs. C'est la doctrine du
droit civil en matière de conventions.

On trouve moins de netteté, et surtout moins de conci-
sion dans la proposition de M. Eymard Duvernay.

Il déclare illicites les associations dont le but ou les
moyens sont délictueux suivant les termes généraux du
droit, et celles qu'une disposition législative spéciale déclarera telles dans l'avenir. L'auteur, qui prévoit sans
doute les résistances du juge, indique à l'avance au législateur la voie des lois exceptionnelles : indication tout au
moins inutile.

Nous rencontrons dans cette même proposition une innovation d'après laquelle le gouvernement serait chargé,
sous réserve de présenter une loi confirmative, du droit
de procéder par décret à la dissolution des associations
« qui prendraient pour mot d'ordre l'emploi des moyens
révolutionnaires ». L'ambiguïté de la phrase ne permet
pas de discerner d'une façon certaine, bien qu'elle le laisse
supposer, s'il s'agit ici d'une tendance résultant des statuts.

Les membres d'une association illicite seront punis d'une
amende de 50 à 500 francs et d'un emprisonnement de

15 jours à 3 mois, sans préjudice de la privation possible de leurs droits civils et politiques, et notamment de la faculté d'enseigner.

Cette proposition investit le gouvernement du pouvoir de juger, provisoirement il est vrai ; cette faculté n'en est pas moins exorbitante. L'acte du gouvernement, malgré son caractère provisoire, sera toujours et forcément ratifié par les Chambres, qui se trouveront d'abord en face du fait accompli, et qui risqueraient d'ailleurs, en se refusant à ratifier un décret, de provoquer plus qu'une crise ministérielle.

De plus les pénalités de la proposition Eymard-Duvernay sont d'une exagération manifeste.

M. Waldeck-Rousseau innove encore ici : au lieu de considérer le but de l'association, il s'attache à sa cause et déclare nulle et de nul effet toute association fondée sur une cause illicite. Pour les cas particuliers, c'est au droit commun qu'il se réfère.

M. Marmonier prohibe les associations contraires aux bonnes mœurs, et, formule nouvelle, celles qui ont pour but de pousser au renversement de la République, ou à la violation des lois. Les membres seront condamnés à une amende de 500 à 2000 francs et à un emprisonnement de 2 à 10 jours.

Enfin, dans le projet de M. Fallières, on exige que les statuts ne contiennent aucune clause contraire aux lois, à l'ordre public ou aux bonnes mœurs.

On remarquera que les expressions, ordre public et bonnes mœurs, sont presque partout répétées. Elles veulent être approfondies.

Qu'est-ce d'abord au juste que l'ordre public ?

Indépendamment de toute question de régime, c'est un état de tranquillité provenant de l'adaptation exacte des institutions aux mœurs.

Dans l'application, il ne faut pas confondre l'ordre public avec l'ordre matériel, qui peut n'être que le résultat d'une servitude imposée. Cet ordre matériel, ainsi obtenu, n'est au contraire qu'un désordre profond.

Un gouvernement ne doit pas sacrifier à l'ordre public la liberté des citoyens, mais faire en sorte qu'il apparaisse, tout naturellement, comme la résultante d'un état social établi sur la justice.

Tel est le seul ordre public auquel il serait criminel de toucher.

Tant qu'un gouvernement sera forcé de reconnaître qu'il y a en cette matière encore quelque chose à faire, il ne saurait, sans violer les principes supérieurs de la justice, condamner des individus ou des collectivités, au nom d'un ordre public de hasard ou de circonstance, auquel il ne croit pas lui-même.

Voilà pourquoi nous voudrions voir disparaître de la loi cette mention, qu'on pourra toujours invoquer, à défaut d'autre, pour faire disparaître une association dont les tendances déplairaient au pouvoir. On attaquera toujours l'ordre public existant, et par conséquent on sera répréhensible, quand on proposera des réformes publiques, si justifiées qu'elles soient.

D'ailleurs si l'évolution s'applique aux sociétés, un ordre social nouveau entraîne forcément un ordre public nouveau, et, en attendant, toute modification dans l'ordre social existant amènera dans l'ordre public une modification parallèle.

Quant aux bonnes mœurs, on les a définies des habitudes naturelles ou acquises, conformes à la dignité humaine.

On a pu dire également qu'elles sont le bon sens social, c'est-à-dire le bons sens individuel du *moi*, élevé à sa deuxième puissance par les exigences sociales du *nous*.

Ici, il faut laisser au juge toute souveraineté. Le domaine des applications est illimité, et toute loi qui tenterait une énumération laisserait quelque chose à faire. Les articles 1131 et 1133 du Code civil définissent les clauses contraires aux bonnes mœurs, et l'article 1172 les punit. Nulle part on ne les énumère.

Imitant cette sage réserve, nous déciderons, avec la majorité des auteurs, que les clauses contraires aux lois et aux bonnes mœurs, insérées dans les statuts de toute association, entraîneront des poursuites de la part du Procureur de la République, et la dissolution par jugement du tribunal. Du reste tout intéressé devrait, comme on le propose, pouvoir en ce cas provoquer la dissolution.

Doit-on ajouter à la sanction de la dissolution d'autres pénalités, l'amende par exemple ou même la prison ? Il n'y a pas eu en somme d'acte répréhensible commis. La déclaration de statuts illicites implique, chez les fondateurs, une franchise trop rare pour qu'on la punisse. Leur bonne foi, comme celle des associés, qui ne pensaient pas poursuivre un but illicite, peut être entière ; c'est donc plus qu'il n'en faut pour légitimer une dissolution sans pénalités.

Quel tribunal sera juge ? On a proposé le tribunal correctionnel. Le tribunal civil nous semble plutôt indiqué,

dès qu'il n'y a aucune pénalité à appliquer, pour juger en
parfaite connaissance de cause une question de cette nature.

Nous n'avons traité que de l'association à but illicite.
M. Waldeck-Rousseau, nous l'avons vu, s'attache à la notion de cause. Il n'y a pas lieu de distinguer ici, comme
dans le domaine des conventions, entre le *cur* et le *quid*. Le
mobile et le but seront toujours, en cette matière, également licites ou également répréhensibles.

SECTION II. — DES CONGRÉGATIONS RELIGIEUSES.

Nous avons déjà pu voir que certaines propositions tendaient à considérer comme illicites les congrégations religieuses en cette seule qualité ; le moment semble donc venu
d'examiner les caractères qu'elles présentent, et de décider
ensuite si elles doivent être l'objet d'un traitement exceptionnel.

Voyons tout d'abord l'opinion sur la question des différents projets. Nous mettrons à part la proposition Bertauld qui trahit, bien qu'elle ne les nomme pas, une bienveillance extrême envers les congrégations religieuses, et
dont les dispositions, malgré leur apparence générale,
n'ont en réalité été édictées que pour elles. Les débats publics ont d'ailleurs fait ressortir cette tendance que l'exposé des motifs, comme la proposition, avaient soigneuse-
ment laissée dans l'ombre.

Une tendance contraire s'accuse chez M. Cantagrel qui,
d'un trait de plume, déclare illicites toutes les associations
où se pratiquent des vœux.

Il faut aller ensuite jusqu'à la proposition de M. Waldeck-Rousseau pour trouver une proposition nettement défavorable aux congrégations. Elles seront, d'après le projet, soumises au régime de l'autorisation, et il ne sera point dérogé, en ce qui les concerne, aux dispositions actuellement en vigueur ; elles ne pourront être reconnues que par une loi.

M. Marmonier commence par prohiber absolument les congrégations d'hommes, et par demander que les congrégations de femmes soient soumises à l'avenir à l'autorisation.

Les personnes qui voudraient la demander devront fournir leurs statuts et règlements, leurs noms, le nom de la congrégation et son siège, ainsi que les sommes, valeurs et immeubles qu'elles se proposent de mettre en commun.

Le gouvernement statuera sur la demande, puis après une enquête *de commodo et incommodo*, et avis favorable du Conseil d'État, un décret pourra les autoriser.

Nous ne pousserons pas plus loin l'examen de cette proposition où les précautions les plus minutieuses sont prévues, où la fille âgée de moins de trente ans doit, en cas de refus du consentement de ses parents, faire trois actes respectueux, où enfin les pénalités, prohibitions relatives aux biens, acquisitions à titre gratuit, cas de dissolution, ne tiennent pas moins de 16 pages de dispositions.

Le projet de M. Floquet ne renferme, en fait de dispositions directes, qu'un article sur les congrégations non reconnues, à qui le gouvernement accorderait un délai de 6 mois, à partir de la loi, pour obtenir la personnalité civile. Ce délai passé sans demande, ou la demande rejetée,

les biens seraient restitués aux ayants droit, et, à défaut
de réclamation dans les 5 ans, dévolus à l'État pour être
consacrés à des œuvres d'assistance.

M. Goblet, plus équitable, voudrait que le partage eût
lieu, à défaut de réclamation des ayants droit, entre les
membres de l'association seulement. Les biens ne seraient
dévolus à l'État qu'en cas de non exécution du partage.

Telles sont, à peu près, toutes les dispositions où les congrégations religieuses sont directement visées.

A côté de celles qui les nomment expressément, il y a
d'autres propositions où elles ne sont désignées que par
certains attributs qui sont de leur essence, et contre lesquels on exagère les rigueurs. Le résultat est le même.

Les congrégations présentent, avec les associations ordinaires des différences profondes.

L'association résulte d'un contrat, la congrégation d'un
vœu. D'une part il y a échange, abdication d'autre part.
Au lieu d'une force nouvelle laissant intactes les forces
individuelles, il y a une création de force nouvelle collective, absorbant à son profit, et complètement, l'individualité.

Cette absorption se traduit par la vie en commun, l'obéissance à un chef, la rupture des liens de famille et le célibat
obligatoire, toutes choses éminemment antisociales, et qui
seraient fatales à la nation si elles se généralisaient.

Il suit également que toutes les actions des membres se
rapportent à la congrégation, et lui donnent une puissance
à laquelle les associations ordinaires, composées d'associés
distraits par les mille occupations de la vie individuelle,
n'atteindront jamais.

L'entrée dans une congrégation relèverait bien plutôt des dispositions de l'article 1780 du Code civil que de celles de l'article 1832.

De plus, la perpétuité de la congrégation ressort de l'esprit de sa fondation. L'ancien comme le nouveau régime ont vu là une menace, comme ils voient un danger dans son patrimoine toujours grandissant, et immobilisé.

On peut dire enfin que la soumission à des chefs parfois étrangers peut devenir, à un certain moment, dangereuse pour la nation, que les membres de la congrégation finissent par faire passer après les intérêts de leur établissement ; ce danger est encore accru par l'obéissance sans réplique à un mot d'ordre venu du dehors.

On peut définir les congrégations, des associations ayant pour objet, soit la pratique plus rigoureuse de la religion sous une règle de discipline à laquelle se soumettent ses membres, soit l'accomplissement d'œuvres ayant un but d'intérêt religieux direct, ou même un but temporel, de nature à servir indirectement la cause religieuse.

Le but de la congrégation résultant de sa définition est-il illicite ? Non ; ce sont seulement les moyens qu'elle emploie pour arriver à ce but licite qui prêtent parfois à la critique.

On devra donc la soumettre au droit commun, et édicter dans le droit commun des mesures destinées à empêcher, ou à neutraliser ces tendances.

Les caractères que nous avons analysés sont évidemment défavorables, mais l'un d'eux, notamment le caractère coercitif, ne peut-il pas se rencontrer ailleurs que dans une congrégation, et à un degré de violence bien plus caractérisé? Déclare-t-on les syndicats illicites parce qu'ils ont exercé des violences sur leurs membres ou sur des étrangers?

La mainmorte, plus particulièrement redoutable ici, sera également combattue par des mesures que nous développerons, et qui s'appliqueront d'ailleurs, le cas échéant, à toutes les associations. Il en sera de même des autres caractères particuliers, dont nous traiterons à mesure qu'ils se présenteront dans le cours de nos développements.

Chaque fois donc que nous rencontrerons dans une association dont le but est licite, des caractères défavorables, nous frapperons ces caractères seulement.

Nous ne ferons pas ainsi un régime d'exception visant telle ou telle association. Les dispositions que nous édicterons resteront générales, et s'appliqueront à toutes les associations quelconques qui les encourront.

Nous considérons donc comme simplement vexatoire le système préventif exceptionnellement appliqué aux congrégations.

La prohibition absolue que réclame une autre proposition nous semble ne mériter même pas une réfutation. Qu'on se rappelle le mot de M. Clamageran : « les congrégations répondent au désir qu'éprouve l'homme de renoncer, dans certains cas, à la liberté individuelle, devenue fardeau pour lui ». Les congrégations seront éternelles comme la douleur humaine.

On s'est borné à réclamer d'abord, pour toutes les associations, les faveurs qu'une majorité jalouse entendait réserver aux seules congrégations. La tendance contraire prévaut aujourd'hui, et on cherche à refuser à ces établissements une grande partie des avantages qu'on accorde aux autres, ou même à n'accorder aux autres qu'une liberté restreinte, dans la crainte que les congrégations ne profitent d'un droit commun élargi.

Entre ces prétentions également mesquines, il y a le droit commun, sans faiblesse et sans vexation. Il nous semble suffisant pour obtenir des associations religieuses comme des autres, le respect du pouvoir civil, et, en cas de délit, une répression efficace.

La question que nous venons d'effleurer n'aura vraiment toute son importance que le jour où seront définitivement réglés les rapports de l'Église et de l'État.

S'il est vrai que les idées de séparation doivent un jour l'emporter, les diverses religions ne trouveraient que dans des établissements puissants, et dont l'utilité publique serait reconnue et durable, une garantie de force et d'indépendance.

Une loi particulière deviendrait alors nécessaire pour éviter que des établissements de ce genre fussent astreints à la surveillance d'un État parfois hostile à leurs principes. Le pouvoir civil ne doit en effet s'aventurer qu'avec toutes sortes de précautions sur le terrain réservé de la liberté de conscience.

Au point de vue des conséquences possibles, un gouvernement ne devrait pas oublier alors, combien surtout en France, la persécution, si légère qu'elle puisse paraître, ramène d'hésitations et réchauffe de tiédeurs.

CHAPITRE VI

Nous réunissons sous un même chapitre les questions de détail que soulèvent la durée de l'association, le droit de la quitter, les serments et vœux, la vie en commun et la surveillance particulière qui en peut résulter, la participation des étrangers, et enfin les crimes, délits et contraventions dont une association peut être l'auteur ou l'occasion.

SECTION I. — DURÉE DE L'ASSOCIATION. DROIT DE LA QUITTER.

La durée, dans une association, est un élément essentiel de sa force et de son influence ; elle est indispensable à l'accomplissement du but poursuivi.

Dans le domaine civil, la durée est limitée par diverses causes de dissolution. Dans le domaine commercial, l'indication de durée est, d'après le plus grand nombre des auteurs, essentielle, à tel point que son omission empêcherait la société de se former.

M. Eymard Duvernay est d'avis que, quand l'association a été constituée pour un temps indéfini, et qu'elle se compose d'un nombre de membres indéterminé, elle continuera à exister tant que la dissolution n'en aura pas été prononcée par la majorité. Mais tout membre de l'association aura le droit de cesser d'en faire partie, à la charge par lui de notifier sa retraite aux administrateurs.

M. Waldeck-Rousseau fait de la mention de durée de l'association l'objet d'une disposition particulière de son projet. Il demande qu'en cas de non stipulation à ce sujet, le lien puisse être résolu par la seule volonté des parties. M. Marmonier propose qu'une convention puisse intervenir entre les associés les liant pour 5 ans au maximum, sans toutefois que l'association puisse elle-même, malgré toutes conventions contraires, vivre plus de trente ans.

L'idée de M. Waldeck-Rousseau se trouve en partie reprise dans les derniers projets. Seulement il n'est plus question maintenant dans ces projets de la durée de l'association, mais du droit de la quitter, elle subsistant. M. Floquet demande que tout membre puisse se retirer à tout instant, nonobstant toute clause ou convention contraires. Le projet de M. Fallières déclare également nulle toute convention contraire ; il développe encore sur ce point le précédent projet.

D'abord, nous ne pensons pas que la mention de durée soit indispensable, essentielle, en matière d'association, comme on le soutient notamment en matière commerciale. Nous admettrions plutôt qu'elle fût au contraire ici exceptionnelle. Le but moral est plus indécis, moins nettement déterminé, plus difficile et plus long en général à atteindre, qu'un but exclusivement pécuniaire. Et puis l'association doit souvent subsister pour sauvegarder les résultats obtenus.

D'ailleurs, les sociétés civiles ont souvent une durée illimitée, et les dispositions du Code civil forment le droit commun en matière de société.

On ne voit pas d'ailleurs de bonnes raisons d'exiger la limitation, puisqu'en somme le but de l'association a été reconnu licite. L'inconvénient qui pourrait résulter de l'accumulation des biens peut être combattu d'une façon beaucoup plus directe.

Nous pensons donc qu'il y a lieu d'appliquer simplement ici le droit commun des articles 1844, 1865 et 1869 du Code civil.

Pour éviter que la mort d'un associé entraîne la dissolution de l'association, on stipulerait une des dispositions de l'article 1868.

Pour éviter la dissolution provenant du fait de la volonté d'un des associés de quitter l'association, il est possible aux parties de renoncer, lors de la formation des statuts, à la faculté d'exiger la dissolution. Il suffit que les fondateurs introduisent dans les statuts d'autres moyens de sortir de cet état, comme par exemple la division du fonds social en actions, avec faculté pour les associés de les céder sous certaines réserves.

Cette manière de voir est d'ailleurs confirmée par un arrêt de Cassation du 6 décembre 1843, qu'il est possible d'appliquer ici.

Une association renfermera d'ailleurs trop d'éléments de dissolution pour qu'on puisse craindre que sa durée, bien qu'illimitée, soit éternelle. Nous admettrons cependant encore, dans tous les cas, soit en l'absence de convention sur cette durée, soit en dépit de toute convention contraire, que la volonté de la majorité suffira toujours pour provoquer la dissolution.

Le droit de quitter l'association a été l'objet d'une solution beaucoup trop absolue de la part de MM. Waldeck-Rousseau et Fallières. Permettre à tout associé de se retirer à tout instant, n'est-ce pas exposer la vie de l'association à des renonciations faites de mauvaise foi, ou à contre-temps?

Le droit commun, dont nous venons de rappeler les termes, conciliera ainsi le respect dû à la liberté de chacun avec la durée de l'association, qui se trouvera ainsi mise à l'abri des caprices et des coups de main.

Nous voudrions cependant voir s'introduire sur la question une modification au droit commun. On sait qu'en cas de société à durée limitée, la simple volonté ne suffit pas pour rompre le lien social. Cette disposition résulte *a contrario* de l'article 1869.

L'association résulte d'une communauté de sentiments qui peut cesser, tandis que la société civile repose sur un désir de gain qui est généralement durable. La différence des buts explique ici une différence de traitement. Quoi de bon d'ailleurs à attendre de la collaboration forcée d'un associé retenu malgré lui ?

Il faudrait donc étendre aux membres des associations à durée limitée, la clause qui permet à ceux, associés sans limitation de temps, de se retirer, pourvu toutefois que leur renonciation soit de bonne foi et non faite à contre-temps.

SECTION II. — VŒUX ET SERMENTS.

La première proposition où il est question des vœux est celle de M. Cantagrel. Partisan des solutions extrêmes, il

voudrait qu'on déclarât illicite toute association ayant
pour effet de lier des personnes par des vœux ou des serments.

M. Marmonier se borne à rappeler que la loi ne sanctionne ni vœux ni obligation de vie en commun. MM. Floquet et Fallières le répètent sous des formes diverses.

L'autorité, nous semble-t-il, a raison de ne pas vouloir
s'immiscer dans les questions qui dépendent du for intérieur, soit pour sanctionner, soit pour condamner les vœux
et serments.

En déclarant les vœux illicites, et en prononçant de ce
chef la dissolution d'une association, le pouvoir civil risquerait de heurter violemment, et sans profit pour lui, des
traditions vivaces et respectables. Ces traditions du reste,
pourvu qu'il ne les sanctionne pas de son autorité, ne sauraient nuire à personne.

Il restreindrait arbitrairement et sans motif plausible la
liberté de chacun. On ne peut empêcher personne de renoncer à sa propre liberté si sa liberté lui pèse, et toute
volonté, même celle de se soumettre, est respectable tant
qu'elle subsiste.

De quel droit d'ailleurs le pouvoir civil ira-t-il défendre
à qui que ce soit de se vouer à un être qu'il juge supérieur
à lui-même ? L'État se meut en dehors de toute religion
positive ou naturelle, et ne saurait, en sa qualité, ni sanctionner ni prohiber les vœux. Notre État moderne notamment, où la laïcité va jusqu'à l'athéisme, ne peut logiquement considérer les vœux et serments que comme des
mots vides de sens.

D'un autre côté, sanctionner les vœux constituerait de

la part du pouvoir civil une immixtion d'un autre ordre, et plus fâcheuse encore que la première, mais qu'il semble à notre époque bien inutile de combattre.

Il vaut donc mieux les ignorer ; aussi admettons-nous la rédaction adoptée par les derniers projets. Bien que ces principes soient connus et admis, il n'était pas inutile de les répéter dans une étude sur l'association, car il s'agit ici du respect de la liberté humaine.

SECTION III. — LA VIE EN COMMUN.

M. Jules Simon permet, dans sa proposition, aux associations simplement déclarées, de vivre en commun, et il n'assujettit à aucune règle cette particularité cependant exceptionnelle.

C'est le projet de M. Fallières qui introduisit dans le domaine de la discussion une disposition nouvelle, le droit pour les autorités de visiter les locaux où se pratique la vie en commun.

M. René Goblet va plus loin : partisan en général de la liberté la plus absolue, sans déclaration, il exige, dès que plus de cinq personnes se proposent d'habiter, et de vivre en commun, une déclaration préalable, et il astreint en outre l'association à recevoir la visite des délégués du Préfet. Les résistances sont punies de l'amende et de la dissolution.

La vie en commun est l'objet, dans le projet de M. Fallières, d'autres restrictions encore. Tout membre d'une association où elle se pratique peut, en se retirant, exiger la restitution de son apport, sans que l'association puisse lui opposer la moindre compensation.

D'ailleurs, les droits les plus étendus sont ici réservés aux autorités judiciaires et administratives qui peuvent « faire toutes constatations, recevoir toutes déclarations intéressant la sécurité des personnes et leur liberté, ainsi que le respect des lois ».

Il faut bien reconnaître que la vie en commun constitue une particularité qui n'est nullement de l'essence ni même de la nature de l'association. On peut même dire qu'elle est exceptionnelle.

Elle est de nature à créer au Pouvoir certaines craintes, d'ailleurs injustifiées la plupart du temps, sur la liberté et la moralité.

Mais il suffit que des excès soient possibles, on pourrait même dire facilités par le système de vie en commun, pour que cette situation attire l'attention du pouvoir, et légitime certaines exceptions à l'habituelle inviolabilité du domicile.

Le pouvoir ne saurait tolérer, suivant une forte expression, qu'un citoyen qui cherche un asile, risque de ne rencontrer qu'une prison ; il n'hésitera donc pas entre deux droits respectables l'un et l'autre à des titres inégaux, et qui s'excluent ici : il violera la liberté du domicile pour sauvegarder plus sûrement la liberté humaine.

Mais il ne devra pas agir à la légère. Nous réprouvons l'arbitraire des visites dictées par un système de taquineries ou d'inquisition.

Lorsque l'administration aura de justes sujets de craindre que la liberté d'un ou de plusieurs des associés, en condition de vie commune, ne soit méconnue, elle s'adressera au juge qui verra si les motifs avancés sont assez sérieux pour qu'il puisse autoriser, par une simple ordonnance, une perquisition au local de l'association. Car c'est en somme d'une perquisition qu'il s'agit, bien que personne n'ait osé en prononcer le mot.

Ainsi se trouverait, à notre avis, conciliée l'inviolabilité du domicile avec la liberté supérieure de l'individu.

Nous terminerons par une prohibition nouvelle, devenue d'après nous nécessaire, et conforme d'ailleurs à la réalité des choses.

Dans les associations où se pratique la vie en commun, on place, la plupart du temps, dans le but d'éviter des droits, ou même de plus sérieux ennuis, la propriété de tout ou partie des biens sur la tête d'un ou de plusieurs membres.

Cette fraude à la loi, contraire à la vérité, est aussi contraire au bon sens.

Les associés ont renoncé ici à l'exercice de leur liberté la plus chère, celle de leur personne. Il est hors de doute qu'ils ont, à plus forte raison, abandonné la jouissance personnelle de leurs biens.

On devrait donc admettre, pour toutes les associations où se pratique la vie en commun, l'impossibilité légale pour les associés de posséder individuellement, tant que dure leur volonté d'abdiquer leur liberté.

Cette incapacité ne ferait que confirmer celle que les associés ont acceptée pour leur propre personne ; elle permettrait de plus d'appliquer sûrement à l'association les différents impôts auxquels elle a échappé jusqu'ici, et, en outre, la taxe exceptionnelle dont nous traiterons plus loin.

Il n'existe, dans aucune des propositions qui précé-
dèrent celle de M. Cantagrel en 1877, de dispositions relatives à la participation des étrangers à une association.

Cette première proposition voudrait faire considérer
comme illicite toute association où se pratiquent des
engagements envers une autorité politique ou religieuse
étrangère.

La proposition de M. Eymard Duvernay avait comblé la
lacune qui existait à ce sujet dans celle de M. Dufaure.
Cette proposition considérait comme illicite « toute association entre français et étrangers, ou dirigée par un chef
étranger, ou résidant à l'étranger ». Discutée en même
temps que la proposition Dufaure, son sort fut lié à celui
de cette dernière.

M. Waldeck-Rousseau exige des associations comprenant des étrangers une autorisation préalable. C'est aussi
l'avis de M. Marmonier qui, plus explicite encore, demande
que le Code pénal et la loi complémentaire de 1834 restent
applicables aux associations entre français et étrangers,
et à celles entre étrangers seulement.

M. Floquet est d'avis que toute association composée
exclusivement d'étrangers, ou comptant des étrangers dans
ses administrateurs, ne puisse se former qu'avec une autorisation toujours révocable du gouvernement, et aux conditions qu'il lui plaira d'exiger. Le préfet a d'ailleurs le
droit de requérir l'expulsion de l'association des étrangers
qui en font partie. Enfin, lorsqu'une association, établie en
France, dépend d'un groupement ayant son siège à l'étran-

ger, la dissolution pourra être prononcée par décret rendu en Conseil des ministres.

Voici la disposition du projet de M. Fallières, article 15 : « Les associations composées en majorité d'étrangers, ou comptant des étrangers parmi leurs administrateurs, directeurs ou représentants ; celles qui se rattachent à des associations ou à des groupes fonctionnant en pays étranger, peuvent être dissoutes par décret du président de la République rendu en Conseil des ministres ». Suivent des pénalités.

Nous nous rangerons, sous certaines réserves, à la rédaction du projet qui précède. Il nous séduit d'abord par la disposition unique qui régit les différents cas, à peu près assimilables, à cause du caractère commun qu'ils présentent.

Le droit d'association fait-il partie du droit intérieur, ou du droit des gens ? C'est, il est vrai, un droit naturel, mais que de droits naturels, à commencer par la liberté individuelle, qui n'existent pour l'étranger que dans une certaine mesure ? Là n'est donc pas la marque caractéristique qui distingue ces deux droits.

L'association, multiplicateur de l'énergie individuelle, offre, nous avons essayé de le démontrer, certains caractères publics indéniables, qui en font un droit exclusif à l'usage des nationaux, droit qui peut, il est vrai, être étendu aux étrangers, mais à titre gracieux et toujours révocable.

Donc un simple décret devrait suffire pour dissoudre les associations composées exclusivement, ou même composées seulement en majorité d'étrangers. Dans les deux cas, on peut dire que l'association est étrangère.

Quant à celles qui, composées en majorité de Français, mais dirigées par des administrateurs étrangers, ou se rattachant à des groupes fonctionnant en pays étrangers, elles peuvent constituer à un moment donné une menace ; il faudra peut-être prendre à leur égard une décision prompte.

Nous admettrons donc pour ces dernières, qu'en cas de vacance des Chambres, ou même en cas d'extrême urgence, le gouvernement puisse par décret les dissoudre, à charge de présenter, dans le mois de la dissolution en cas d'urgence, ou dans le mois de la rentrée en cas de dissolution pendant les vacances, une loi confirmative du décret.

Cette garantie nous semble réclamée par les exigences d'une stricte équité. Malgré les apparences plutôt défavorables sous lesquelles se présentent ces associations, il ne faut pas oublier qu'elles sont en majorité composées de Français qui ne doivent, dans aucun cas, être abandonnés au caprice sans contre poids de l'autorité.

Le gouvernement d'ailleurs, ne représentera véritablement les droits supérieurs de l'État, que s'il est d'accord avec les Chambres. Ce sera une occasion d'affirmer une fois de plus cet accord, et de donner en même temps à ses décisions une autorité sans appel. La communauté de vues qui doit, dans nos régimes parlementaires, exister entre le gouvernement et la majorité du Parlement, réduira du reste le plus souvent cette obligation à une simple formalité.

La commission qui examine en ce moment au Sénat la proposition de M. Goblet, a adopté une partie des dispositions du projet de loi de M. Fallières sur le point que nous examinons.

Elle a même édicté une disposition nouvelle : Dans les

associations où il n'y a qu'une minorité d'étrangers, elle donne au gouvernement le droit de mettre en demeure l'association d'exclure de son sein un ou plusieurs membres étrangers, et de la dissoudre en cas de résistance de sa part.

Cette disposition, qui se trouve du reste déjà dans le projet de M. Floquet, nous semble compliquer encore la question en créant une distinction nouvelle.

Le gouvernement nous paraît suffisamment armé, tant contre l'association elle-même, au cas où elle poursuivrait un but illicite ou deviendrait dangereuse, que contre les étrangers qui peuvent en faire partie, et contre lesquels il possède un droit de police autrement consistant que celui qui consisterait à les faire exclure d'une association.

SECTION V. — CRIMES ET DÉLITS. PÉNALITÉS.

M. Jules Simon a emprunté à la proposition de M. Eymard Duvernay la disposition suivante : Les crimes, délits et contraventions seront punis d'après le droit commun, sur les sociétaires personnellement coupables. Les représentants qui y auraient pris part seraient punis des peines de la récidive, et seulement des peines ordinaires s'ils n'y ont pris aucune part.

M. Floquet, et à sa suite M. Goblet, sont d'avis qu'en cas de crime, délit ou contravention commis par une association, les auteurs ou complices soient poursuivis conformément aux lois.

L'article 20 du projet Fallières décide que toute résolution concertée dans une association en vue de commettre un crime contre les personnes ou les propriétés, ou d'y faire participer l'association, est punie d'un emprisonnement de 3 mois à deux ans, sans préjudice des poursuites contre les auteurs ou complices.

Les dispositions restrictives concernant les biens sont, outre les cas de nullité, l'objet de pénalités diverses.

M. Jules Simon punit l'achat de valeurs par personnes interposées d'une amende de 500 à 5000 francs.

M. Eymard Duvernay propose un emprisonnement de 1 à 6 mois et une amende de 500 à 1000 francs pour les Directeurs ou Administrateurs qui auront enfreint les règles relatives aux biens. M. Goblet ne retient que l'amende de 500 à 1000 francs, mais il demande en plus la nullité et la dissolution.

Quant au projet de M. Fallières, il punit d'un emprisonnement de 6 jours à 6 mois, et d'une amende de 50 à 1000 francs (en cas de récidive, d'un emprisonnement de 6 mois à 2 ans et d'une amende de 1000 à 3000 francs), les fondateurs ou représentants qui auraient accepté un apport supérieur, soit aux immeubles strictement nécessaires, soit aux sommes, valeurs ou objets mobiliers indispensables à l'objet de l'association.

Un des délits, particuliers à l'association, qui a été le plus sévèrement réprimé, est le caractère de société secrète.

On se souvient des pénalités du décret du 18 juillet 1848, notamment de l'emprisonnement de 6 mois à 2 ans, de la privation des droits civiques d'un an à 5 ans, et des peines portées au double contre les chefs et fondateurs.

Plus récemment encore, est intervenue la loi du 14 mars 1872, sur l'Internationale. Nous ne ferons que citer cette loi qui vise un cas tout particulier d'association poursuivant, en dehors de toute considération de nationalité, un but réputé illicite.

La société secrète ne présente pas les caractères de l'association illicite telle que nous l'avons établie, et qui résulte seulement de la non concordance de ses statuts avec les lois ou les bonnes mœurs.

La société secrète constitue, par le seul fait qu'elle se cache, un délit, quelque louable que puisse être son but.

La plupart des projets et propositions conservent dans leurs dispositions force de loi à l'article 13 du décret de 1848. Seul, M. Marmonier propose l'abrogation du décret de 1848 et de la loi de 1872 sur l'Internationale.

De ces pénalités applicables aux trois chefs d'infractions que nous venons d'exposer, nous ne retiendrons que le premier.

Nous pensons que le décret de 1848, improprement dénommé loi, doit continuer à être appliqué malgré sa rigueur. Il constituera, lorsque l'association deviendra la règle générale, un remède énergique contre les dangers qu'elle pourrait causer.

La théorie nouvelle de la personnalité des associations, que nous exposerons, nous oblige d'autre part à différer notre avis sur les sanctions, même pénales, des dispositions relatives aux biens.

Reste le premier chef. Nous pensons tout d'abord que la dissolution constitue une peine suffisante du caractère illicite résultant de l'examen des statuts. M. Jules Simon décide que, s'il résulte de la lecture des statuts que l'association doit se livrer à des entreprises criminelles ou délictueuses, on la traduira en police correctionnelle pour la condamner à une amende de 500 à 2000 francs sans préjudice de la dissolution. Cette disposition, outre qu'elle est inutile, car ce n'est pas en général de la lecture des statuts que résultera un caractère aussi nettement délictueux, semble présenter un caractère plus grave, car elle constituerait une prime à la dissimulation. Il ne faut d'ailleurs pas oublier, en faveur de l'association, cette circonstance atténuante qu'elle n'a pas encore fonctionné.

Les crimes, délits et contraventions commis par une association, seront poursuivis conformément aux lois contre les sociétaires personnellement coupables. C'est l'opinion de M. Goblet. De plus les directeurs et administrateurs seront toujours présumés, sauf preuve contraire, avoir pris dans tous les délits une part directe et personnelle.

Il est bon d'édicter contre les administrateurs, des dispositions qui engagent dans tous les cas leur responsabilité personnelle. Ils ne seront plus tentés de laisser commettre, en fermant complaisamment les yeux, des actes délictueux dans lesquels ils nieraient ensuite toute participation ; et la responsabilité qu'ils encourront les décidera à employer toute leur autorité à s'opposer à l'accomplissement de ces actes.

SECTION VI. — DU CARACTÈRE COERCITIF.

Parmi les délits auxquels les associations sont plus particulièrement sujettes, il en est un qui trouve pour s'y développer un milieu très favorable, qui porte en un mot tout spécialement leur marque : c'est le délit de coercition.

La gravité de ce délit, l'importance qu'il a pris en ces derniers temps, et le développement qu'il menace de prendre dans l'avenir, nous ont décidé à en faire l'objet d'une disposition spéciale.

En principe, une association n'est puissante qu'autant que ses membres s'y soumettent ; le malheur est que cette soumission, d'abord raisonnée et libre, tend vite, si l'on n'y prend garde, à devenir bientôt aveugle, et finit par s'imposer au point d'annihiler complètement la liberté.

Cette tyrannie de l'association sur l'individu, qu'elle soit nette ou qu'elle se dissimule, qu'elle soit la tyrannie d'un chef ou celle de la majorité, est tout aussi destructive de la liberté individuelle.

De là toutes les dispositions prises dans la plupart des projets, et dont on peut être tenté, au premier abord, de condamner l'excès : droit de retirer à tout instant son apport en cas de vie en commun, droit de visite admis dans le même cas, etc.

Il est bon qu'un individu puisse toujours quitter une association. Mais cela ne suffit pas. Il ne faut pas qu'un associé, qui veut rompre le lien social, puisse être inquiété pour ce motif, ni dans sa personne ni dans ses biens, ni qu'il se voie dans l'obligation d'acheter du prix de sa liberté, sa sécurité.

Voilà pour les restrictions possibles à la liberté des membres d'une association.

Mais ce caractère coercitif que nous condamnons ne se borne pas à être intérieur : il peut s'exercer, et s'exerce le plus souvent en fait, en dehors même de l'association.

Une association professionnelle, par exemple, possède toutes sortes de moyens de forcer le travailleur libre à venir à elle. Elle peut, en dehors d'autres moyens, exiger le renvoi, qu'un directeur, dans la crainte d'une grève, lui refusera rarement, d'un ouvrier qui persiste à rester isolé. La liberté humaine se trouve ainsi violée par l'association

Elle peut également peser sur le patron pour le forcer, toujours sous peine de grève, à conserver des meneurs, ou même à les reprendre. La liberté du patron, si elle n'est pas ici aussi nettement violée que plus haut celle de l'ouvrier, qui n'a souvent d'autre alternative que d'obéir ou de mourir de faim, est du moins assez gravement influencée.

Nous indiquons ces exemples entre mille. Ils sont suffisamment probants, et trop récents, pour que nous puissions insister.

Nous réprouvons toutes les violences, même celles qui ont pour but l'amélioration sociale, tant qu'elles ne sont pas l'unique moyen de faire cesser une situation intolérable. La sainteté du but n'excuse pas l'injustice des moyens, et tout état social obtenu par la violence donne sa mesure. Il doit faire appel à son tour à la violence pour subsister, jusqu'au jour où il se trouve lui-même violemment renversé.

Aujourd'hui que les électeurs, fréquemment consultés, peuvent se prononcer souverainement sur les réformes à opérer, il ne faut admettre d'autre arme que la persuasion.

Dès que la majorité aura compris qu'elle n'a pas encore conquis tous ses droits, elle le dira, et la législation suivra irrésistiblement.

En attendant, il faut poursuivre avec rigueur toute tentative de suppression de la liberté individuelle, et ne pas hésiter, dès que le caractère coercitif se sera nettement manifesté dans une association, de condamner à des peines exemplaires les associés personnellement coupables, et l'association elle-même à la dissolution.

CHAPITRE VII

Afin de mettre un peu d'ordre et de clarté dans les idées que nous allons exposer, nous accentuerons une distinction, qui existe virtuellement chez tous ceux qui ont traité la question, entre la personnalité que nous appelerons morale et la personnalité civile.

Ces deux personnalités, parfois confondues, seront ici, d'après les idées généralement reçues, et que nous ne faisons que traduire, l'objet d'une distinction fort simple.

Cette distinction ne nous servira qu'à expliquer la question telle qu'on l'a généralement posée, car nous en avons adopté nous-même une autre toute différente.

La personnalité morale est celle qui résulte de ce fait que l'association a satisfait aux lois de police, qu'elle est régulière en la forme, et licite. Dès ce moment, elle est légalement autre chose pour l'État que la somme de ses membres.

L'être moral que nous avons dit exister dans toute association quelle qu'elle soit, est donc ici connu et accepté par l'État, et ce fait lui donne l'investiture de la personnalité. Ce n'est pas seulement, en effet l'être moral qu'il admet, puisque l'être moral s'est formé sans lui.

Nous avons avancé en effet que l'être moral existe du fait

de l'existence seule de toute association, même malgré l'É-
tat. Il vaut mieux d'ailleurs admettre ce fait, tout en le pro-
clamant illégal, que d'en nier la réalité. Qui poursuivrait-
on, et sur quel motif baserait-on les poursuites si on préten-
dait que l'être moral n'existe pas, n'a pas pu exister? De
quel organisme innommé prononcerait-on la dissolution?

Quant à la personnalité civile, on la définit ici une création légale, donnant à une personne morale l'aptitude à la
possession des droits privés d'une personne vivante. Cette
fiction s'exerce sous le nom de reconnaissance d'utilité publique, et des raisons d'utilité comme de bon sens ont déterminé le législateur à se réserver la disposition de cette
personnalité exorbitante.

La convention licite ne peut donc créer qu'une personnalité plus ou moins restreinte, personnalité plastique à
laquelle les législateurs ont accordé, dans leurs nombreux
projets, plus ou moins de droits, suivant leurs désirs ou
leurs craintes. Mais ce ne sera plus la simple convention
qui créera la personne civile, distincte à tel point de la personne de ses membres, que sa vie se prolonge intacte après
la mort de chacun d'eux.

Ce droit est réservé à l'État qui n'oubliera pas que si une
personne morale nouvelle est parfois pour lui l'objet d'un
danger, ce danger peut être aggravé encore par une personnalité civile possédante. Il sait que les idées ne triom-
phent pas facilement de nos jours par leur seule puissance.

Voilà plus de raisons qu'il n'en faut pour que l'obtention
de cette faveur exceptionnelle soit réservée seulement aux
établissements dont l'utilité publique aura été constatée.

Au-dessous de cette situation privilégiée, il y a la situation intermédiaire des associations simplement déclarées, ou à personnalité morale, qui réclament, pour accomplir le but qu'elles se proposent, leur part de capacité.

SECTION I. — PROPOSITIONS ET PRÉCÉDENTS LÉGISLATIFS.

Un certain nombre d'auteurs proposent qu'on applique aux associations des dispositions analogues à celles de la loi du 21 mars 1884 sur les syndicats professionnels. Cette loi accorde aux syndicats une personnalité limitée qu'on rêve de voir devenir le droit commun.

Il semble nécessaire de rappeler sur la question les dispositions de la loi de 1884.

L'article 6 de cette loi donne aux syndicats le droit d'ester en justice, d'employer les sommes provenant des cotisations, de pouvoir acquérir des immeubles strictement limités aux locaux nécessaires aux réunions, de constituer des caisses de secours mutuels et de retraite, et de créer des offices de renseignements relatifs aux différends qui se rattachent à leurs spécialités.

Nous empruntons au commentaire fort bien fait de M. Alphonse Ledru sur la loi de 1884, une partie des développements historiques qui suivent.

Dans le projet du Gouvernement, la faculté d'acquérir avait été passée sous silence. Mais la Chambre, dans le but d'affranchir les syndicats de l'obligation de solliciter la déclaration d'utilité publique s'ils voulaient acquérir, considéra qu'il leur était impossible d'atteindre leur but, de défendre leurs intérêts professionnels, d'influer, par la création de caisses de résistance, sur les conditions du sa laire et le nombre des heures de travail, si on ne les dotait pas d'une personnalité civile tout au moins atténuée.

C'est de cette intention bienveillante qu'est né l'article 6 qui, autorisant les syndicats à ester en justice, leur confère par là même le droit de faire tous les contrats civils.

L'article 6 ne s'explique pas sur les acquisitions à titre gratuit, mais l'article 8 présuppose, par une de ses dispositions, que le syndicat peut acquérir à ce titre des immeubles dans une certaine mesure, et à plus forte raison, bien que la loi ne le dise pas, des meubles.

A cette proposition devenue la loi, M. Trarieux avait opposé une théorie dont l'origine se retrouve dans un discours prononcé par M. Besson, en 1872, sur la proposition de M. Bertauld : c'est la théorie de la personnalité facultative.

Cette personnalité dépendrait du dépôt des statuts, demandé seulement aux associations qui en voudraient bénéficier. Ceux qui la jugeraient inutile n'auraient aucune formalité à remplir.

Les syndicats, disait en substance M. Trarieux, peuvent se plaindre d'une exagération de zèle, car, en même temps qu'on leur accorde ce qui peut n'être à quelques-uns d'aucune utilité, on les astreint tous à la publicité de leurs statuts, avec des pénalités pour sanction.

Nous croyons que M. Trarieux rattache à tort l'idée de personnalité à celle de déclaration. La déclaration est une formalité qui nous semble légitimée, en tout état de cause, par le droit qu'a l'État d'être averti de l'existence d'un foyer d'action en commun.

En admettant même que la personnalité civile limitée

soit obligatoire, cette obligation ne résulterait pas de la formalité de la déclaration qui n'est qu'un élément de publicité. Mais elle est, en réalité, facultative. C'est un droit dont il est permis de ne pas user. La loi dit seulement que les syndicats « auront le droit », « pourront acquérir ».

Les syndicats qui ne s'occupent que de propagande ou d'études, seront libres de ne pas user de ce droit, et la personnalité de la loi de 1884 ne s'exercera pas pour eux.

Cette personnalité limitée, que nous n'avons pas à critiquer dans la matière des syndicats, soulève, si on veut l'appliquer à l'association, des objections fort sérieuses.

D'abord, elle est exceptionnelle. Elle peut se justifier pour les syndicats ou pour des associations similaires, mais il y a autre chose à trouver, pour le droit commun des associations, que la généralisation d'une législation d'espèce, inspirée par les circonstances.

Une solution analogue a cependant été proposée par M. Jules Simon au Sénat en 1882. Mais elle présente quelques différences que nous allons examiner.

L'association déclarée, décide la proposition, pourra faire les actes d'administration que comporte son existence, et s'attribuer les valeurs mobilières et immobilières nécessaires au but qu'elle se propose.

Qui ne voit tout d'abord l'arbitraire d'une semblable disposition, et la faculté laissée au juge, et par contre-coup au pouvoir, d'interpréter, tantôt largement, tantôt rigoureusement cette clause ?

Lorsque l'association plaira au pouvoir, lorsque le but qu'elle poursuit lui sera immédiatement agréable, jamais elle ne sera jugée avoir trop de biens pour le réaliser. Quand, au contraire, le but poursuivi contrariera tant soit peu ses tendances, le gouvernement, sans vouloir reconnaître le bien que l'association pourra réaliser plus tard, ou celui qu'elle a déjà réalisé dans le passé, exercera contre elle toutes ses rigueurs.

Un simple changement d'administration, la moindre velléité d'indépendance suffiront à lui faire perdre la bienveillance du pouvoir.

Une association n'aura donc de liberté d'acquérir qu'autant qu'elle abandonnera son indépendance ; ce sera un marchandage. Ce système aboutirait en fait à la reconstitution du système préventif dont cependant personne ne veut plus. Le pouvoir aurait non plus le droit de défendre à l'association de naître, mais celui, moins brutal mais identique au fond, de l'empêcher de se développer, et, même de vivre.

Nous ne repoussons pas, loin de là, l'action de l'État et son pouvoir sur l'association. Ce que nous ne voudrions pas, c'est que cette action s'exerçât d'une façon aussi inégale, aussi tracassière.

Quelle force ne faudra-t-il pas d'ailleurs au gouvernement pour arrêter les efforts grandissants de l'association à la conquête du patrimoine ? Cette poussée, qu'on ne peut encore que pressentir, deviendra irrésistible quand la loi aura enfin abouti.

Non, tout système arbitraire ne vaut rien. Il vaut mieux que le législateur dépose lui-même dans la loi, l'élément dissolvant qui empêchera la mainmorte, car c'est d'elle qu'on a peur, et puis, qu'il laisse ensuite, fort de cette garantie, l'activité s'exercer librement.

La deuxième garantie proposée par M. Jules Simon consiste, pour les nouveaux venus, à ne pouvoir faire un apport mobilier supérieur à la part moyenne de chacun des premiers associés dans l'apport primitif. Si l'association n'avait pas son immeuble nécessaire, l'apport postérieur pourrait le lui donner dans les mêmes limites.

L'association, continue-t-on, ne peut acquérir ni meubles ni immeubles, ni sous son nom ni par interposition. Elle ne peut recevoir de libéralité d'aucune nature ni à aucun titre.

Donc, si une société se fonde dans un but charitable, provoquant des sympathies réelles et justifiées, on en sera réduit à faire pour son succès des vœux stériles.

La proposition décide que l'association ne peut faire partie d'aucune société de gains ou de pertes, civile ou commerciale, et qu'elle ne peut employer ses apports et économies qu'en rentes nominatives sur l'Etat ou en obligations garanties par l'Etat. Cette dernière garantie, qui est la sanction de toutes les autres, nous semble excellente au point de vue des titres nominatifs qu'elle exige. Mais pourquoi exiger en outre l'emploi en rentes sur l'Etat, ou en obligations garanties par lui ? Le pouvoir n'a pas à se faire le tuteur des associations, ni à les préserver des mauvais placements.

Telle est, d'après la proposition de M. Jules Simon, la situation, au point de vue de la capacité et des biens, de toute association simplement déclarée.

Si ce régime leur semble insuffisant, si elles pensent d'ailleurs présenter des caractères d'utilité publique, elles peuvent solliciter de ce chef la personnalité civile com-

plète. Mais cette situation présente elle-même des inconvénients. Il faut une loi spéciale, une instruction administrative, et si l'on aboutit enfin, on n'obtient, en échange de
la faculté qu'on acquiert de posséder sans limitation fixe,
que de passer du régime de la restriction dans celui de l'arbitraire, non plus dissimulé, et d'être soumis à une tutelle
d'autant plus rigoureuse qu'elle s'exerce en toute circonstance.

C'est à peu près les mêmes prohibitions que M. Floquet
propose dans son projet. C'est à peu près aussi dans les
mêmes termes qu'il les formule. Il ajoute que les immeubles des associations ne peuvent être, ni productifs de revenus, ni affectés à l'usage personnel des associés. Pour
lui, l'association peut avoir, selon ses propres expressions,
un domaine public, et non un domaine privé.

D'ailleurs les observations que suggère la proposition
de M. Jules Simon s'appliquent, sauf quelques variations,
à la plupart des solutions proposées, notamment à celles
de MM. Eymard Duvernay, Duchâtel, Goblet, Fallières.

En face de cette manière de voir presque universelle, et
qui, ayant déjà reçu une consécration légale, tentera probablement, il faut le craindre, le législateur de l'avenir, on
peut citer quelques opinions divergentes.

Citons d'abord M. Bertauld qui donne de prime abord à
toute association les caractères des établissements d'utilité
publique. D'après lui toute association, valablement constituée, pourra contracter à titre onéreux. Toutefois, sa capacité d'acquérir des immeubles en France, pourra être
limitée par une loi sans effet rétroactif. C'est en un mot la
consécration des situations acquises. Elle ne pourra acqué-

rir à titre gratuit que d'après les dispositions régissant les communes et établissements publics.

Il n'était pas à craindre que, dans cette législation un droit aussi élargi ne tombât en de mauvaises mains. On sait, en effet, les conditions que devait remplir une association pour être, suivant les termes de la proposition, *valablement constituée*.

D'après la proposition faite par M. Cantagrel en 1877, toute association valablement constituée, c'est-à-dire ici, simplement déclarée, pourra contracter à titre onéreux, acquérir à titre gratuit, ester en justice. Exception est faite pour les sociétés religieuses ou de bienfaisance, qui ne pourront acquérir gratuitement d'immeubles qu'en vertu d'une autorisation légale.

Ici toute association, sauf exception, possédera la personnalité civile, *ipso facto*, par ce seul fait que le pouvoir estimera que ses statuts sont licites.

Nous mentionnons pour sa seule originalité une disposition du même auteur qui tendrait à faire supporter aux immeubles possédés par toute association « dont le but ne serait pas l'exploitation directe, agricole, industrielle, domestique ou éducationnelle de cette propriété, mais un placement », un quinzième annuel du droit de mutation que paierait la propriété en cas de vente, et un dixième du droit de transmission sur les valeurs mobilières.

Cette disposition avait évidemment pour but de supprimer rapidement la mainmorte.

Au milieu de ces conceptions diverses, le projet de loi déposé par M. Waldeck-Rousseau au Sénat, à la session ordinaire de 1883, séduit tout d'abord par son originalité.

Le chapitre porte d'abord le titre significatif de : Communautés de biens formées entre les membres d'une association.

Des personnes, dit M. Waldeck-Rousseau, mettent en commun leur activité : c'est une association.

Elles mettent en outre en commun des biens. A côté du premier contrat s'en juxtapose un autre, le contrat de société.

De la coexistence de ces deux contrats, tous deux de droit commun, il ne doit pas résulter une législation d'exception.

Les valeurs, mises ou laissées en commun par les membres d'une association, seront, suivant les cas, soumises aux règles du Code civil, ou du Code de commerce en matière d'indivision ou de société. Les associations qui voudront bénéficier de la personnalité civile devront être reconnues par décret rendu en la forme des règlements d'administration publique.

Ce projet soulève des objections fort graves :

Le droit commun appliqué aux biens, alors que l'association est différemment réglée, impliquerait de la part du législateur la méconnaissance des intentions des associés. Ils ont voulu atteindre tel but, et employer à ce but tout ou partie des biens que l'association possède.

Ici le partage des bénéfices n'est pas le but visé. Il n'est que subsidiaire, presque accidentel, tandis que dans une société c'est le but principal, essentiel même.

Il est vrai que la jurisprudence a reconnu çà et là le caractère de sociétés civiles à des sociétés qui n'avaient pas pour objet le partage des bénéfices, mais cette interprétation, sujette d'ailleurs à critique, s'explique par la nécessité de faire rentrer, en l'absence de législation précise, toute convention de société dans la catégorie dont elle se rapproche le plus.

Si le cadre de la société civile ne saurait convenir aux associations, la forme et les allures de la société commerciale nous semblent s'éloigner plus encore de leur véritable nature.

Quant à l'indivision, c'est le régime résultant d'une communauté de fait ou de droit, mais sans personnalité morale. Cette situation toute transitoire ne saurait être celle d'une association régulièrement constituée. C'est un état, plutôt anarchique, qui ne saurait s'appliquer à la possession ni à la gestion des biens d'une association organisée.

SECTION II. — EXPOSÉ D'UN SYSTÈME NOUVEAU.

A notre tour, voici le système que nous proposons :

L'association, être de raison, avant toute reconnaissance, déclare sa constitution au pouvoir, et cette déclaration, appuyée des justifications qui établissent son caractère licite, lui confère un état nouveau que nous appellerons *la personnalité civile*. Cette dénomination est donc ici l'état, jusqu'à présent innommée, de l'association simplement déclarée.

Lorsqu'une association, douée de cette personnalité civile, sollicite et obtient du pouvoir une déclaration d'utilité publique, elle acquiert un nouvel état que nous appellerons *la personnalité publique*.

Ces deux termes nous paraissent, en premier lieu, serrer

de plus près la réalité des choses. Tout d'abord, le terme de personnalité civile n'éveille nullement l'idée de reconnaissance d'utilité publique par l'État, reconnaissance dont on fait cependant la condition de cette personnalité.

De plus, l'expression de personnalité civile est déjà employée pour désigner les sociétés commerciales, et s'applique même d'après les dernières décisions de la jurisprudence, conforme à l'opinion de la majorité des auteurs, aux sociétés civiles. Or, n'est-ce pas créer une source de confusion qu'appeler du même nom la capacité de groupements aussi dissemblables qu'une société commerciale, et un établissement d'utilité publique?

Voilà pour les termes.

Au fond, la capacité civile des associations déclarées sera très étendue. On suivra le droit commun à la réserve d'une seule exception. Aucun texte d'ailleurs ne range les sociétés au nombre des incapables. Le droit commun leur est donc applicable, au moins quant aux contrats qui peuvent se concilier avec leur objet licite et déclaré.

La capacité d'une association, il faut le reconnaître, s'appuie sur des bases plus solides que celles sur lesquelles reposent les sociétés civiles. La personnalité de ces dernières, n'a été imaginée, dit Troplong, que « pour faire discerner les droits de chacun quand ils sont opposés, et pour les préciser dans une représentation en quelque sorte vivante, qui prévienne les conflits.

La personnalité des associations est autrement consistante, bien que subordonnée à l'agrément tacite du pouvoir. Elle résulte de la nature même des choses. A plus forte raison donc, pour elle la capacité sera la règle.

Nous avons parlé d'une exception: elle a trait aux acquisitions à titre gratuit.

La question des acquisitions de cette nature est celle qui soulève le plus de difficultés. Tous les auteurs la refusent, presque sans exception, aux associations simplement déclarées, pour en faire, sous bien des restrictions relatives à l'autorisation de l'État, au caractère particulier de la disposition, et au dessaisissement immédiat et sans réserve, le privilège des associations reconnues.

Les propositions qui n'accordent qu'une personnalité restreinte aux associations déclarées sont ici conséquentes avec elles-mêmes.

La personnalité crée au contraire une capacité générale pour le but que l'association doit remplir, et qui, étant licite, ne doit pas être contrarié dans son exécution.

Pour les sociétés civiles et commerciales, l'article 902 du Code civil a servi de base à une doctrine qui les autorise à recevoir à titre gratuit. Cependant les auteurs reconnaissent que cette personnalité ne doit être admise, avec ses suites, que dans la limite du fonctionnement nécessaire.

Qu'on accorde à l'homme une capacité générale de recevoir, on le comprend, mais il est inadmissible que des êtres dont l'existence est circonscrite par l'acte même qui les a créés, puissent recevoir au delà des limites de cet acte constitutif.

C'est une distinction de cette nature que nous voudrions voir adopter, en cette matière spéciale, pour les associations déclarées. L'œuvre a été reconnue licite, pourquoi empêcher qu'un donateur puisse en assurer le fonctionnement ou le développement à l'aide d'une libéralité? L'association qui la reçoit sort-elle de ses statuts quand sa puissance d'action s'accroît, et le but, plus sûrement atteint, perd-il, pour cette raison, son caractère licite ?

En principe donc, l'association pourra recevoir des libéralités. Mais comme une telle situation pourrait être une cause de ruine pour les familles, et constituer pour la société civile une source de dangers, nous n'hésiterons pas à soumettre à l'assentiment préalable du pouvoir toutes les libéralités. Les mêmes raisons d'ordre public et d'ordre économique les mettent ici sur le même rang que les établissements publics et d'utilité publique, et doivent les soumettre aux mêmes règles de tutelle administrative. Mais, le pouvoir étant ici souverain, nous ne ferons aucune réserve relative, soit au caractère particulier de la disposition, soit aux legs et dons en nue-propriété.

SECTION III. — MESURES CONTRE LA MAINMORTE.

Le droit commun, appliqué presque sans réserve aux associations, inspirera des craintes qui, nous le reconnaissons, sont en grande partie justifiées.

La liberté qui va remplacer l'interdiction pure et simple ne laissera-t-elle pas le pouvoir désarmé ? Nous admettons que la société a le droit de se défendre, et de ne pas tolérer, d'abord, que les biens de l'association soient détournés du but prescrit par les statuts, et employés à une destination étrangère.

La dissolution nous paraît la peine indispensable de la transgression de cette règle. Les associations n'ont de personnalité que dans la limite de leurs statuts ; toute infraction qui les en fait sortir doit les mettre hors la loi.

Mais il existe un autre ordre de danger sur lequel il peut, tout d'abord, sembler inutile d'appeler l'attention, tant on en a déjà parlé : les associations, surtout une certaine variété d'associations, ont une tendance constante à toujours accroître leur patrimoine, de préférence immobilier, afin d'assurer à leur œuvre l'immortalité.

Pour arriver à ce but, rien ne les arrête. Toujours contrariée par le pouvoir civil, la mainmorte se constitue et grandit en dépit des législations les plus sévères, souvent même à l'abri de ces législations.

C'est que la sévérité n'est pas le seul remède, pas plus que la multiplicité des taxes. Un exemple : les immeubles des congrégations s'élèvent d'après le rapport de M. Brisson à une valeur vénale de 700 millions, dont 500 millions pour les congrégations reconnues, et 200 millions pour les non reconnues.

Pour cette valeur vénale de 700 millions, les congrégations ont payé en 1889 à la taxe de mainmorte, fixée à 0 fr. 87 pour franc de la contribution principale, 7 millions ; l'impôt de 3 0/0 sur le revenu, porté depuis à 4 0/0, et fixé à 5 0/0 de la valeur brute des meubles et immeubles, a produit 900.000 francs ; enfin le droit d'accroissement résultant des lois de 1880, et du 29 décembre 1884, et représentant les gains opérés par suite des clauses de réversion au profit des membres restants, de la part de ceux qui meurent ou quittent l'association, n'a produit que la somme dérisoire de 180.000 francs. Total : 8 millions d'impôts pour 700 millions de biens.

Nous n'avons parlé que de la mainmorte spéciale aux congrégations religieuses, n'ayant de renseignements un peu précis que sur elle. Mais ce n'est pas cette mainmorte que nous entendons particulièrement frapper, et c'est à toutes les associations simplement déclarées que nous voudrions voir appliquer le régime dont le développement va suivre.

Nous avons dit que le remède que nous proposions, en même temps qu'il donnerait à l'association toute liberté, s'opposerait radicalement à toute constitution et même à tout maintien de la mainmorte au delà d'une certaine limite. Ce remède est l'impôt progressif sur le revenu des biens de toute association déclarée.

Si nous proposons ici cet impôt, nous n'y sommes pas conduit, comme le plus grand nombre de ses partisans, par le désir de substituer, comme on l'a dit, la proportionnalité du sacrifice à celle du versement. Nous savons tous les reproches qu'on lui adresse, et malgré l'autorité de Montesquieu, et celle de J.-B. Say, nous admettons que la plupart sont fondés.

Nous savons notamment que la base de cet impôt est arbitraire et superficielle ; que les frais de l'État sont loin de croître proportionnellement avec la fortune, et que c'est même le contraire qui est vrai ; que, généralisé, il serait un découragement pour l'épargne sans résultat général appréciable, un joujou fiscal, a dit Proudhon ; et qu'enfin il risque d'entraîner des fraudes, et même, si elles étaient impossibles, des émigrations de capitaux. Cependant ces considérations exactes, dans les cas ordinaires, ne sauraient être invoquées ici.

Il ne s'agit plus de savoir si, par ce moyen, telle association ne paiera pas plus à l'impôt que l'égalité ne l'exige. La question est dominée par d'autres considérations.

Cette taxe exceptionnelle est en effet, non pas un impôt, mais une arme contre l'accumulation indéfinie des biens de mainmorte qui sont de nature à causer au pouvoir des inquiétudes de diverses sortes ; d'abord le retrait des biens de la circulation constitue un péril économique ; il résulte en outre, de l'usage que pourrait faire contre le pouvoir social une association disposant de ressources inépuisables, un péril politique des plus graves.

Au point de vue du droit, on doit reconnaître que le pouvoir, qui a donné à l'association la personnalité civile, qui en a fait un être capable, est bien libre d'indiquer les conditions auxquelles il subordonne l'obtention de cette personnalité.

La cause principale des colères que soulève l'impôt nettement progressif, c'est qu'il s'opposerait, dans une mesure plus ou moins considérable, à l'accumulation des richesses. Dans l'état actuel de la science économique on le repousse, car on ne tient pas encore généralement comme redoutable l'accroissement indéfini de la fortune privée.

Au contraire, on redoute la mainmorte : des statistiques nombreuses enregistrent, exagèrent même parfois ses progrès qui n'en ont nul besoin. On voudrait bien la détruire, mais on n'ose, pour le faire, sortir du droit commun. Or le droit commun qu'il faut donner aux associations ne la détruira pas.

On tiendra donc toutes les associations en lisières pour empêcher la mainmorte dans certaines. On se demandera, à chaque extension de capacité qu'elles réclameront ou qu'on réclamera pour elles, si les congrégations religieuses n'en vont pas profiter, et dans cette crainte, on ne leur accordera rien.

La mainmorte constitue un danger auquel les impôts ordinaires, exceptionnels même, n'ont pas remédié. Les restrictions de capacité n'y remédieront pas davantage, puisqu'une part des biens de mainmorte est détenue par des congrégations non reconnues, et par conséquent sans aucune capacité. On sait que le remède direct contre les accumulations de biens est l'impôt progressif, et on hésiterait à l'employer !

On éviterait en outre, dans notre système, tout arbitraire du pouvoir, dans la détermination des biens qu'on peut permettre aux associations de posséder. Chaque association aurait naturellement, et sans autre immixtion du gouvernement, une importance en rapport avec sa nature propre, avec l'intérêt qui s'attache à son but. Nulle n'aurait cette importance artificielle, obtenue, sans tenir compte de sa vitalité naturelle, de la bienveillante partialité du pouvoir.

Toutefois, en réclamant ici la taxe progressive, nous n'entendons pas parler de cet impôt mathématiquement progressif dont le taux, même très modéré à l'origine, finirait toujours, malgré la progression la plus faible, par absorber le revenu à un moment donné. Cette progression, qui opposerait à la fortune une limitation absolue à un certain chiffre de revenus, nous semble par ce motif, et par ces idées de confiscation qu'elle entraîne, devoir être rejetée. Il suffit d'ailleurs pour la juger de savoir qu'à partir d'un certain taux de revenus, on arrive à devoir plus que ces revenus eux-mêmes.

Un autre impôt progressif, dont l'idée n'est pas nouvelle,

puisqu'elle date de J.-B. Say « n'enlèverait jamais qu'une partie du revenu, car il se règlerait, non sur le revenu total, mais sur l'accroissement du revenu ». Ce même impôt a été appelé, par M. Garnier, du nom barbare d'impôt progressionnel.

On décomposerait en deux parties tout revenu supérieur à celui qui sert de point de départ au premier taux de la progression. La première partie, égale à ce revenu initial, payerait au même taux que lui. La deuxième partie seule serait astreinte à la progression. De cette façon, jamais quoi qu'il arrive, le revenu ne serait totalement absorbé.

En admettant que 100 francs de revenus paient 4 francs d'impôts, soit 4 0/0, 200 francs paieraient 4 francs pour les 100 premiers francs, plus 6 francs, par exemple pour les cent autres, soit au total 10 francs pour 200 francs, c'est-à-dire 5 0/0 du revenu, et ainsi de suite. Nous ne voulons donner ici, bien entendu, qu'un exemple, non une échelle de progression.

Cependant, sans vouloir en fixer le taux, il devrait, pour constituer un remède efficace, être bien plus élevé que les progressions en cours dans les différents pays qui ont adopté cet impôt. Le but, qui est ici d'atteindre la main-morte, ne saurait être réalisé par une progression faite au nom de l'égalité réelle, et de l'équilibre véritable des sacrifices.

La progression restant à déterminer, nous pouvons tout au moins traiter du taux originaire et de l'assiette de cette taxe.

Nous en trouverons la base dans la loi du 29 juin 1872 sur la taxe annuelle des valeurs mobilières. Cette loi détermine le revenu soit par le dividende, soit par le revenu distribué, soit par les parts d'intérêts connues directement, ou évaluées d'office à 5 0/0 du capital social. La taxe est de 3 0/0 sur ces diverses manifestations du revenu.

Une loi du 28 décembre 1880 a déclaré ces dispositions applicables à toute association, et la loi interprétative du 29 décembre 1884 est venue spécifier que cette taxe serait notamment payée par toute association quelconque, dont l'objet n'est pas la distribution de ses produits entre tout ou partie de ses membres.

Le revenu est déterminé à 5 0/0 de la valeur brute des biens meubles et immeubles occupés par les sociétés ou possédés par elles, à moins qu'un revenu supérieur ne soit constaté, et la taxe est acquittée sur la remise d'une déclaration détaillée, faisant connaître la consistance de ces biens, et leur valeur.

On sait qu'une loi récente a porté cette taxe à 4 0/0.

C'est cette taxe qui, dans notre système, servirait de taux originaire.

L'assiette nous semble établie avec raison sur la valeur brute des biens meubles et immeubles possédés par l'association, mais la déclaration détaillée, qui en fait connaître la consistance et la valeur, serait remplacée dans notre système par un bilan que toute association devrait fournir annuellement au fisc, et dont les éléments seraient les livres de comptabilité, tenus d'ailleurs au siège social à la disposition des agents du Trésor.

Nous ferons une autre objection : la fixation du revenu imposable, à 5 0/0 du capital, nous paraît exagérée. Les associations dont les ressources sont limitées, seraient, par une semblable évaluation, frappées avec une rigueur excessive, surtout étant donnée la diminution générale et progressive du taux de l'intérêt. Il ne faudrait pas dépasser le taux de 4 0/0, peut-être lui-même au-dessus de la réalité.

M. Reybert avait proposé, au cours de la présente législature, une taxe progressive fort simple. Il demandait d'abord que les associations fussent frappées d'une taxe véritablement équivalente aux charges supportées par les droits de mutation, et qu'à partir d'un million la taxe fût doublée. C'était beaucoup trop sommaire.

Notre taxe nouvelle devra-t-elle cumuler avec l'impôt de mainmorte, et le droit d'accroissement ?

L'impôt de mainmorte représente, on le sait, les droits de transmission entre vifs et par décès auxquels échappent certains biens. Il n'est pas d'ailleurs spécial aux associations. On l'exige de tous les établissements publics ou d'utilité publique. Il répond, bien que très imparfaitement, à la préoccupation de rétablir l'égalité ; c'est un impôt proprement dit. Loin de songer à le détruire, on pourrait sans inconvénient, l'augmenter.

Quant au droit d'accroissement, il résulte de la situation particulière à toute association qui admet l'adjonction de nouveaux membres. Il représente le droit de mutation par décès, ou de donation, sur les accroissements résultant de clauses de réversion. Il restera donc applicable au cas particulier d'associations établies pour un temps indéfini, et composées d'un nombre de membres illimité.

Mais il faut prévoir les fraudes, qui, très nombreuses en

temps ordinaire, vont, avec ces mesures rigoureuses, tenter de se développer proportionnellement.

La plus fréquente est celle qui consisterait à mettre sous le nom d'un associé un bien appartenant à l'association elle-même. Nous y avons obvié pour les associations où se pratique la vie en commun, et où ce genre de fraude est plus spécialement pratiqué. Aucun membre, nous l'avons précédemment exposé, ne pouvant, pendant la vie commune, posséder en particulier, tous les biens de l'association ou de ses membres devront acquitter la taxe sans aucune distinction.

Une autre fraude peut résulter de dissimulations de valeurs. On y a remédié dans différents projets, en exigeant qu'une association ne puisse posséder, en dehors des immeubles, que des valeurs nominatives ; nous ajouterons : ou bien des créances nettement indiquées dans leur comptabilité. Pour les estimations insuffisantes, l'État pourrait peut-être user du droit de préemption, mais cette mesure, que nous ne ferons d'ailleurs qu'indiquer, peut sembler une sanction bien rigoureuse.

Nous ne prétendons pas énumérer toutes les fraudes possibles, et les combattre. La pratique seule peut les démasquer, et réclamer au législateur des dispositions nouvelles qui les rendent, sinon impossibles, tout au moins minimes et supportables.

Notre système produirait ce résultat que le gouvernement, fort de toutes ces garanties, pourrait laisser l'association se mouvoir en toute liberté, et que son action ne s'exercerait plus sur elle, incessante et arbitraire.

Le traitement que nous avons exposé ne s'applique d'ailleurs qu'aux biens des associations simplement déclarées. Quant à celles qu'un acte de l'autorité aura reconnues d'utilité publique, les mêmes causes d'inquiétude n'existant plus, elles rentreraient, au point de vue de l'impôt, dans les conditions normales.

Mais elles perdraient en même temps, à cause du système d'autorisations adopté pour les établissements d'utilité publique, et dans le détail duquel nous n'entrerons pas, leur indépendance ; de plus, en cas de dissolution, leurs biens, ainsi que nous l'expliquerons plus loin, n'appartiendraient pas, en principe, à leurs membres.

C'est, du reste, aux associations qu'il appartient de juger s'il vaut mieux, pour l'accomplissement de leur but, conserver, avec l'indépendance, une situation restrictive au point de vue des biens, ou acquérir avec la personnalité publique une situation plus brillante, au détriment de leur liberté.

Quant aux associations qui n'ont pas été déclarées, ou qui, ayant été déclarées, n'ont pas été reconnues licites, nous leur refusons toute existence légale. Nous n'admettons pas la doctrine des associations de fait. Dépourvues de toute capacité juridique elles ne sont capables ni de droits ni d'obligations.

Une dernière question : de qui dépendra la fiction légale de la personnalité publique ?

MM. Jules Simon, Eymard Duvernay, Floquet, Goblet, Fallières tiennent pour une loi spéciale.

M. Waldeck-Rousseau préfère un décret rendu en la forme de règlement d'administration publique.

Une loi nous semble de tous points préférable pour établir, suivant l'expression de M. Waldeck-Rousseau lui-même, « la fiction d'un être moral nouveau, supérieur à la personne des associés ».

Nous ne nous occuperons pas davantage de cette personnalité supérieure. Dès qu'une association prend le caractère d'établissement d'utilité publique, elle rentre pour nous dans le cadre du droit des gens, dont nous n'entendons pas traiter.

SECTION IV. — SANCTION DES DISPOSITIONS RELATIVES AUX BIENS.

Il faut arriver jusqu'à la proposition de loi de M. Jules Simon pour rencontrer, en même temps que de sérieuses restrictions à la liberté d'acquérir, un système rigoureux de nullités.

Toute association déclarée, dit en substance le projet, qui acquerrait des valeurs immobilières, en son nom ou indirectement, qui recevrait des libéralités, qui ferait partie d'une société de gains ou de pertes, verrait les actes, passés au mépris de ces dispositions, frappés de nullité absolue. Les ventes, donations, testaments, ne seraient pas translatifs de propriété. Les immeubles ou valeurs pourraient être revendiqués à toute époque, contre tout détenteur, tant par le vendeur ou le donateur, que par les héritiers ou ayants cause du testateur, le tout sans prescription d'aucune sorte.

Voilà certes des dispositions rigoureuses. M. Waldeck-Rousseau ne parle que de la nullité provenant de la clause tendant à mettre ou à laisser en commun des valeurs entre les membres d'une association illicite. Cette nullité peut être prononcée à la requête de tout intéressé ; ministère public, associé ou tiers.

M. Floquet déclare nulle de plein droit toute acquisition, faite par une association déclarée, au mépris des restrictions de son projet. Il prévoit les cas où l'acquisition a été faite par personne interposée, ou par l'adjonction d'une convention de société. La nullité est la même dans tous les cas, et pourra être poursuivie par tout intéressé, donateur ou vendeur.

M. Goblet reproduit dans ses grandes lignes la disposition de M. Floquet.

Le projet Fallières considère comme nuls de plein droit tous actes ou acquisitions, à titre gratuit ou onéreux, faits en violation des limites de la capacité d'une association, soit directement soit indirectement.

La nullité peut être invoquée par toute personne, et les biens, placés sous séquestre, seront vendus aux enchères publiques pour être employés à des œuvres de bienfaisance.

Nous n'emprunterons rien à tout ce qui précède. C'est la sanction de dispositions plus ou moins restrictives, qui n'ont pas trouvé place ici.

Nous considérons, nous le répétons, comme contradictoire de placer d'une part l'association de personnes sous le régime libertaire de la déclaration, et de soumettre d'autre part ses biens à toutes sortes de dispositions restrictives.

Le système des biens est à notre avis inséparable du droit lui-même. Une association, à laquelle on permet de vivre, et à laquelle on défend de posséder, ne saurait être libre. Occupée à lutter pour sa propre existence, elle n'aura jamais le loisir, ni la force de poursuivre son but.

Et puis, en admettant même qu'elle puisse le réaliser, tel quelle se l'était tout d'abord fixé, la civilisation ne consiste-t-elle pas surtout à dépasser toujours les prévisions les plus hardies? Le but qu'on se proposait ne recule-t-il pas d'ailleurs à mesure qu'on en croit approcher?

Le gouvernement n'a rien à craindre. Il aura toujours sur l'association son pouvoir supérieur. En réalité, une association ne saurait vivre sans qu'il le veuille bien. Pourquoi dès lors craindre, et soumettre ses biens à un régime restrictif dont on ne veut plus pour les personnes?

Nous ne demanderons donc aucune nullité en dehors de celles du droit commun, à l'exception toutefois de celle relative aux dispositions à titre gratuit qui auraient été acceptées sans autorisation, ou faites par interposition de personnes, ou de tout autre façon, propre à favoriser la fraude. Dans le but de décourager tout agissement de ce genre, nous demandons, dans ce cas, la nullité, que le donateur et ses héritiers pourront toujours invoquer, et en cas de nullité prononcée, la dissolution de plein droit.

Nous avons prévu spécialement quelques fraudes courantes. D'une manière générale, il faudrait édicter que toute fraude évidente, commise par une association dans le but de soustraire tout ou partie de ses biens aux impôts prévus par la loi, devrait être punie de la dissolution.

CHAPITRE VIII

Les causes de dissolution sont si nombreuses, les auteurs diffèrent à tel point d'opinion à leur sujet, que nous n'entreprendrons pas d'établir ici les précédents habituels.

La dissolution peut être la sanction, soit de l'absence de déclaration, soit du caractère illicite résultant de la déclaration ou des statuts, soit de la poursuite d'un but étranger aux statuts, soit de la reconstitution d'une association dissoute, soit des additions opérées aux statuts et non déclarées, soit des dispositions restrictives quant aux biens, soit de la constitution d'apports en violation des dispositions légales, soit de toute autre infraction.

Toutes les contraventions aux dispositions édictées par les projets divers ont été déclarées tour à tour causes de dissolution.

Nous n'entrerons donc pas dans le détail des différentes causes qui peuvent donner ouverture à la dissolution, et que nous diviserons seulement en cas de dissolution civile, et cas de dissolution pénale.

La dissolution peut résulter civilement des cas de dissolution prévus par le Code.

Si l'association a prévu, lors de sa constitution, sa propre continuation malgré la mort d'un de ses membres, si elle s'est mise à l'abri, par la création d'actions, de la dissolution due au caprice d'un de ses coassociés, on devra se conformer à ces dispositions de droit commun.

Il serait cependant désirable que la dissolution pût résulter dans tous les cas de la demande de la majorité des associés, quelle que fût à ce sujet la disposition de l'acte constitutif. La majorité doit avoir en cette circonstance plus que le droit de quitter l'association.

Quant à la dissolution prononcée, qui est la condamnation à mort de l'association, elle ne devrait, en principe, résulter que de fautes très graves, ou de certains cas de récidive.

Elle se trouve ainsi légitimée, ou bien par la gravité même du délit, ou bien par sa persistance, qui décèle nettement l'intention délictueuse.

D'ailleurs, la dissolution devrait être, dans la plupart des cas, laissée à la discrétion du juge, et nous avons pu voir avec plaisir dans un grand nombre de propositions cette formule à la suite de certaines pénalités : « la dissolution pourra en outre être prononcée ».

C'est au juge du fait qu'il appartient de décider si le délit est suffisamment grave pour mériter la peine de la dissolution. La loi ne peut et ne doit fournir ici que des indications. La dissolution est souvent une mesure destinée à parer aux dangers que peut présenter telle association. Or il peut arriver qu'une association commette, par exemple, sous une direction inhabile, de fréquentes infractions sans constituer le moindre danger, tandis qu'une autre, toujours en règle au point de vue des apparences et de la forme, devra être, en raison de son véritable caractère, atteinte avec rigueur à son premier délit.

La plupart des propositions font une distinction sur le pouvoir chargé de prononcer la dissolution.

Nous avions vu déjà que, dans certains projets, la dissolution peut être prononcée par le gouvernement lorsque l'association est composée en majorité d'étrangers, ou soumise à des chefs étrangers, ou dépend d'une organisation fonctionnant en pays étranger. Nous avons même adopté dans une certaine mesure, le droit donné ici au pouvoir.

Mais on a été plus loin : M. Eymard Duvernay a proposé de confier au gouvernement le droit de dissoudre, sauf à faire ultérieurement confirmer son décret par une loi, « les associations qui prendraient pour mot d'ordre l'emploi des moyens révolutionnaires, ou feraient une opposition violente et active aux droits de l'État, à l'autorité du pouvoir central, à l'unité et à l'indépendance du pays ».

Malgré toute l'appréhension que doivent causer les agissements d'une association poursuivant un de ces buts, il nous semble que le droit commun suffit au pouvoir, qui peut d'abord poursuivre individuellement les associés coupables de ces crimes de droit commun, sans préjudice de son droit de provoquer la dissolution de l'association. Ce qui nous empêche de souscrire à la doctrine contraire c'est qu'il ne faut pas qu'on puisse dire qu'une association a été dissoute sans avoir été entendue contradictoirement. Tout autre mode de dissolution pourrait être taxé d'escamotage.

SECTION I. — REVUE DES PROPOSITIONS DIVERSES.

Supposons l'association dissoute, ou éteinte d'une façon quelconque, comment s'opércra la liquidation ? Les précé-

dents sur la matière ne manquent ni d'intérêt ni de variété.

M. Bertauld veut tout d'abord qu'on examine les statuts
qui seront exécutés à la lettre, s'ils contiennent des dispositions valables sur le sort des biens acquis à titre gratuit
ou onéreux. La proposition ne nous dit pas quelles sont ces
dispositions valables.

En l'absence de dispositions de cette nature, les biens
acquis à titre gratuit par l'association font retour aux donateurs ou successibles des testateurs ou donateurs. Ceux
acquis à titre onéreux sont répartis entre les associés ou
ayants cause.

La proposition de M. Cantagrel présente les mêmes dispositions. Elle prévoit en outre le cas d'extinction d'une
association à membres limités, et donne en ce cas les biens
acquis à titre onéreux au dernier survivant.

D'après M. Eymard Duvernay, il faut distinguer entre
les différentes manières dont l'association peut finir.

En cas de dissolution judiciaire, prononcée soit sur le
caractère illicite soit pour une autre raison, les biens seront attribués aux hospices des départements dans lesquels
seront situés les établissements, laïques ou religieux, dis-
sous.

En cas d'extinction pour tout autre motif, les biens que
possède l'association appartiendront aux membres existant
à cette époque. Les biens donnés ou légués feront retour
aux donateurs ou parents successibles des donateurs ou
testateurs.

M. Jules Simon se réfère exclusivement au droit commun en matière de société, pour le règlement des difficultés

qui se produiraient à l'occasion de la dissolution volontaire ou judiciaire de l'association.

M. Waldeck-Rousseau ne prévoit que les communautés de fait pouvant exister entre les membres d'une association dissoute, dont tous les actes et conventions sont nuls. Il décide que les valeurs appartenant aux membres de l'association, avant sa formation, ou à eux échus depuis, leur seront restituées. La propriété du surplus passera à l'État, mais seulement après que les donateurs, ou héritiers des donateurs ou testateurs, auront revendiqué leurs droits sur les biens acquis à titre gratuit par l'association. Un délai de six mois leur est donné à cet effet.

Le même délai est accordé aux précédents propriétaires pour retirer les biens qu'ils ont vendus, à charge de restitution du prix principal.

M. Floquet demande qu'en cas de dissolution volontaire ou prononcée, les contestations qui s'élèvent au sujet de la liquidation soient jugées suivant les principes du droit commun en matière de société.

Celles qui, ayant reçu la personnalité civile, sont dissoutes ou se dissolvent, ou bien se voient retirer par une loi leur personnalité civile, sont traitées différemment. Les biens meubles ou immeubles sont restitués aux ayants droit, et, à défaut de réclamation de leur part dans le délai de 5 ans, considérés comme sans maître, et dévolus à l'État qui les consacrera à des œuvres d'assistance.

Pour expliquer cette disposition, M. Floquet allègue que les membres dont l'association se compose peuvent n'y être pas entrés au moment de l'acquisition, que de plus, les biens appartiennent non aux associés mais à l'être moral, doué de personnalité civile. Quand cet être moral disparaît, on doit rendre les biens aux ayants droit des donateurs, car les conditions de la donation ne sont plus remplies. S'il ne s'élève aucune réclamation, les biens sont considérés comme sans maître, et dévolus à l'État.

Quant aux associations qui, après avoir été reconnues ne sont dépouillées que de la personnalité civile et redeviennent ordinaires, « elles peuvent, avant toute restitution, retenir les valeurs mobilières provenant des cotisations, et les immeubles strictement nécessaires à leur fonctionnement ».

M. Marmonier propose, lorsque l'association sera dissoute principalement, que les biens soient répartis entre les membres, mais que si elle est reconnue d'utilité publique, les biens acquis à titre gratuit fassent retour aux donateurs ou successibles des testateurs ou donateurs.

En cas de dissolution civile, les biens seraient partagés par portion égale entre les membres.

Les dispositions de la proposition de M. Goblet sont plus compliquées.

La dissolution est surtout présentée ici comme l'arme destinée à atteindre les associations qui acquièrent en fraude des restrictions de la loi.

Si les particuliers n'opposent pas la nullité des actes passés au mépris des dispositions de la loi, la dissolution de l'association sera poursuivie par le Ministère public, devant le tribunal correctionnel ; le jugement prononcera en outre la nullité des actes, et l'attribution à l'État des meubles ou immeubles indûment acquis.

Une disposition transitoire met, en outre, toutes les associations existantes en demeure d'obtenir la personnalité

civile ou de liquider la part qui excède la limite des biens
strictement nécessaires. Elles devraient, dans ce dernier
cas restituer les biens aux ayants droit, s'ils les réclament,
ou les partager entre eux. Si les biens n'ont été ni restitués
ni partagés, ils seront attribués à l'État, et la dissolution
sera correctionnellement prononcée.

Le projet de M. Fallières est plus complexe encore : il décide qu'en cas de dissolution prononcée, les membres de
l'association auront le droit de reprendre le montant de leurs
apports, et que le surplus des biens sera restitué aux ayants
droit, ou vendu aux enchères publiques, et le produit affecté
à des œuvres de bienfaisance. Le tribunal désignera un li-
quidateur pour représenter l'association, et statuera sur la
liquidation.

Les dispositions transitoires sont aussi plus explicites.

Les associations qui posséderaient des biens hors de proportion avec la quotité permise, pourront, soit liquider l'ex-
cédent, soit solliciter la déclaration d'utilité publique.

Si l'association opte pour la liquidation, c'est à ses membres que les biens profiteront, à moins qu'elle ne laisse s'é-
couler le délai d'un an, auquel cas les biens, placés sous
séquestre, seraient vendus aux enchères publiques au profit
d'œuvres de bienfaisance. Les associations qui n'auraient
voulu prendre aucun parti seraient traitées de même.

SECTION II. — SYSTÈME PROPOSÉ.

Les associations déclarées ont, dans le système que nous
avons exposé, une personnalité civile qui les fait, dans une
certaine mesure, ressembler à celles qui, dans la plupart

des systèmes auraient obtenu la personnalité civile pour cause d'utilité publique.

Possédant la personnalité sans les restrictions de toutes sortes dont la loi surcharge les établissements d'utilité publique, elles ont pu apporter, puis acquérir à leur propre nom, dans la plus large mesure, les biens meubles et immeubles destinés à l'accomplissement de leur but. Nous n'avons, on s'en souvient, proposé en échange de tous ces avantages qu'une taxe exceptionnelle.

Lors de la liquidation, il faudra, avant d'opérer le partage des biens, se souvenir de la nature réelle de cette personnalité civile.

Cette personnalité est en réalité une consécration légale, et ne doit être admise que dans la mesure nécessitée par les exigences de son fonctionnement, dans les limites de ses statuts licites. En dehors de cette mesure et de ces limites, l'association est bien un être moral, mais auquel l'État dénie toute personnalité.

La personnalité de l'association est-elle, d'ailleurs, dégagée à tel point de la personne de ses membres qu'elle constitue un organisme à part, et que la propriété des biens repose exclusivement sur sa tête ? Cette conception, qui peut être exacte pour les étrangers, qui ne voient l'association que du dehors, est-elle vraie aussi pour les associés ?

L'association est en réalité, dans les rapports entre les associés, plutôt une *copersonnalité* qu'une personnalité distincte. Intimement liée à la personne de ses membres, à laquelle elle doit d'ailleurs l'existence, elle a incarné, dans une unité vivante, les aspirations et l'essence de toutes ces personnalités diverses, en tant qu'elles concourent à la poursuite du but commun. Ce sont donc les individus qui ont, en quelque sorte, personnifié la communauté du but, dans une organisation spécialement créée pour l'atteindre.

Avec leur énergie, apport moral, les associés ont mis en commun certains biens qui constituent leurs apports matériels. Ils ont préféré sur ce point l'intérêt de l'œuvre à leur intérêt personnel, mais, en cas d'anéantissement de l'association, il est naturel qu'en même temps qu'ils retirent de l'association leur personne, ils puissent en retirer la portion de leurs apports qui subsiste encore. Ils n'ont sacrifié ces biens qu'éventuellement, à un but désormais impossible ; il est juste que la propriété individuelle reprenne désormais ses droits.

Si l'association ne comprenait que des apports, sa liquidation, sauf les difficultés pratiques inévitables, serait des plus simples.

Mais elle peut comprendre en outre soit des acquisitions à titre onéreux, soit des acquisitions à titre gratuit, dans la mesure où elles auraient été autorisées.

Les biens acquis à titre onéreux devraient être attribués aux associés au prorata de leurs apports, ceux qui n'ont apporté que leur personne étant, d'après le droit commun, et en l'absence de toute convention, considérés comme celui des associés qui a fait le plus petit apport. Les biens ainsi acquis sont en effet les résultats, tant de la gestion de la société que du développement des apports primitifs.

Les donations et legs, au contraire, ont été faits dans un but d'encouragement à l'œuvre, afin de mettre l'association en situation de remplir son objet, et non pas aux asso-

ciés personnellement. Il y aurait donc lieu, en cas de liquidation, de rechercher les donateurs, ou ayants cause des
donateurs ou testateurs, et de leur rendre leurs dons ou
legs, ou bien leur valeur.

A défaut de réclamation dans un délai suffisant, il faudrait attribuer ces biens à l'État, et les affecter, pour continuer à suivre, dans la mesure du possible, les intentions
bienveillantes des donateurs, à des œuvres de bienfaisance.

La question serait plus compliquée si l'on se trouvait en
face d'une association dont la durée est illimitée, et dont
le personnel, également illimité, se renouvelle incessamment.

Il y aurait, en cas de liquidation, dans l'impossibilité de
déterminer d'une façon précise les droits des anciens associés, de grandes difficultés pratiques. En principe, il faudrait décider que les apports seulement reviendraient aux
ayants droit des associés décédés, et qu'ils n'auraient aucune part dans les acquisitions à titre onéreux. Outre qu'on
éviterait ainsi des difficultés inextricables, on peut dire que
la propriété des apports est absolue, à moins toutefois
qu'ils ne consistent en cotisations faites sans esprit de retour, ce qu'il y aurait lieu d'examiner, tandis que celle
des biens acquis par l'association est un résultat accidentel de communauté, dont le droit n'a pu s'ouvrir dans la
personne de l'associé décédé avant la dissolution.

Il en serait de même de la liquidation partielle des droits
d'un individu qui quitterait l'association. Il ne pourrait
retirer que ses apports, sous les mêmes restrictions que
ci-dessus, et deviendrait ensuite totalement étranger à
toutes les opérations qui pourraient se produire. Il n'a droit

à une part du fonds social, qui n'a du reste pas été fondé pour être partagé, qu'en cas de dissolution de la société. Dans ce cas de force majeure, mais dans ce cas seulement, il est bien juste que chacun reprenne ce qu'il y a mis, augmenté de ce dont ses apports ont profité.

Toutefois, son apport même ne devrait lui être remboursé que sous déduction des pertes qui auraient pu être subies, comme dans les sociétés à capital variable.

Nous avons jusqu'ici supposé l'association fonctionnant légalement sous la garantie de la déclaration. Mais il peut exister des associations de fait, qui n'ont accompli aucune formalité, et qui se sont comportées comme si elles étaient légales, faisant comme les autres des apports, acquérant à titre gratuit ou onéreux.

Puisque l'association est illicite elle devrait, d'après la rigueur des principes, être considérée comme absolument nulle, l'être moral qu'elle est n'ayant aucune existence légale.

Cependant il faut supposer qu'elle a pu être contractée de bonne foi, du moins par un certain nombre d'associés. Il serait équitable dès lors, de rendre à chaque associé le montant strict de ses apports, et de laisser un temps convenable pour que les donateurs, ou ayants cause, puissent retirer leurs libéralités. L'État s'emparerait ensuite, comme de biens vacants et sans maîtres, du surplus des libéralités, ainsi que de tous les biens acquis à titre onéreux.

Dans le but de préciser les différences existant entre les deux espèces d'associations nous dirons quelques mots de la liquidation des biens appartenant à des associations douées de la personnalité publique. Ici, c'est bien à l'association elle-même qu'on peut dire que les biens appartiennent. Nous adoptons pour la définir les termes de M. Waldeck-Rousseau relatifs à la personnalité civile, et qui désignent, malgré la dénomination différente, les associations de cette nature.

Autant on comprend, dans les associations ordinaires le partage du fonds entre les associés, autant il semble au contraire inadmissible que les membres d'une association, « constituant une personne distincte, et en qui réside la propriété des biens », puissent à un titre quelconque prétendre à une part de ses biens.

La fiction d'une personnalité civile distincte existant ici pour les associés comme au regard des étrangers, nous pensons que les associés ont perdu tout droit, même éventuel, à leur apport, le jour où ils ont obtenu pour l'association la fiction d'une personnalité supérieure.

Tels sont les principes auxquels les diverses décisions législatives, qui confèrent la personnalité pour cause d'utilité publique, apportent, dans la plupart des cas, des dérogations particulières.

Nous passerons sous silence les dispositions transitoires qu'on rencontre pourtant dans la plupart des propositions, dispositions toutes de circonstances, qui impliquent nécessairement, chez ceux qui les proposent, l'espoir de voir leur rédaction promptement aboutir.

Nous n'avons pas de ces illusions : nous pensons au contraire que la question est destinée à rester ouverte longtemps encore, aussi longtemps que l'esprit de parti ne cédera pas la place à une compréhension exacte des nécessités modernes.

Et puis, en suivant ainsi le législateur jusqu'au bout de sa tâche, nous craindrions de paraître avoir voulu, nous aussi, formuler notre proposition, et donner à cette étude une portée qu'elle ne veut pas avoir.

TABLE DES MATIÈRES

LE DROIT D'ASSOCIATION ET L'ÉTAT

Pages

INTRODUCTION   1

CHAPITRE I. — **Notion de l'État**   3

   SECTION I. — Théories sur l'État   4
   SECTION II. — L'individu et l'État 14

CHAPITRE II. — **Les droits de l'État en matière d'association** 22

   SECTION I. — Nature de l'association. — Ses avantages et ses inconvénients 23
   SECTION II. — Régime général de l'association 30
   SECTION III. — Droit comparé 34

CHAPITRE III. — **Exposé historique et critique** 38

   SECTION I. — Historique de la législation actuelle 38
   SECTION II. — Étude des propositions présentées à l'Assemblée nationale 42
   SECTION III. — Propositions présentées pendant les précédentes législatures 54
   SECTION IV. — Propositions présentées pendant la législature courante 77

CHAPITRE IV. — **Constitution de l'association** 83

   SECTION I. — A quelle époque doit se faire la déclaration ? . 85
   SECTION II. — A qui doit être faite la déclaration ? 88
   SECTION III. — Que doit contenir la déclaration ? 89
   SECTION IV. — Pénalités encourues en cas de non-déclaration . 92
   SECTION V. — Pénalités encourues en cas de déclaration mensongère 94
   SECTION VI. — Formalités à remplir en cas de modification dans les statuts ou dans le personnel 96
   SECTION VII. — Des groupes particuliers 97
   SECTION VIII. — Reconstitution ou maintien en fonctionnement d'une association dissoute 99

CHAPITRE V. — Du caractère illicite. 100

    SECTION I. — Statuts illicites 100
    SECTION II. — Des congrégations religieuses 106

CHAPITRE VI. — Régime intérieur de l'association 112

    SECTION I. — Durée de l'association, droit de la quitter . . . 112
    SECTION II. — Vœux et serments 115
    SECTION III. — La vie en commun. 117
    SECTION IV. — Participation des étrangers. 120
    SECTION V. — Crimes et délits ; pénalités. 123
    SECTION VI. — Du caractère coercitif. 126

CHAPITRE VII. — Capacité de l'association. 129

    SECTION I. — Propositions et précédents législatifs. 131
    SECTION II. — Exposé d'un système nouveau. 139
    SECTION III. — Mesures contre la mainmorte. 142
    SECTION IV. — Sanctions des dispositions relatives aux biens . 152

CHAPITRE VIII. — Dissolution et liquidation de l'association 155

    SECTION I. — Revue des propositions diverses. 157
    SECTION II. — Système proposé. 161

POSITIONS

THÈSE ROMAINE.

I. — Le cautionnement à Rome procède de la solidarité.

II. — La loi Furia n'est pas de l'année 659.

III. — Les *sponsores* et les *fidepromissores* pouvaient s'engager, soit en même temps que le débiteur principal, soit avant,
soit après, comme les fidéjusseurs.

IV. — La loi indiquée par Justinien comme ayant organisé,
antérieurement à lui, le bénéfice de discussion, n'est pas de
l'époque des *legis actiones*.

THÈSE FRANÇAISE.

I. — La doctrine de l'organisme social peut se concilier avec
celle du contrat.

II. — Il n'y a pas antinomie entre la puissance de l'État et
la liberté de l'individu.

III. — Les congrégations religieuses ne doivent pas, en cette
qualité, être soumises à un régime exceptionnel.

IV. — La personnalité restreinte, dont on veut faire le droit
commun de l'association déclarée, n'est qu'une manifestation
nouvelle du système préventif.

DROIT ROMAIN.

I. — La clause de la vente, par laquelle on laisse la détermination du prix à l'appréciation d'un tiers, est valable.

II. — La *datio in solutum* libère de plein droit l'obligé.

III. — Le mandataire qui excède les limites du mandat a,
contre son mandant, une action dans la limite de ses pouvoirs.

IV. — La *fidejussio* contractée *in duriorem causam* est nulle.

DROIT FRANÇAIS.

I. — La vente de la chose d'autrui n'est pas nulle.

II. — Le bail ne confère au preneur qu'un droit personnel.

III. — Le crédit constitue une mise sociale licite.

IV. — Les sociétés civiles sont des êtres distincts doués de personnalité.

SCIENCE FINANCIÈRE.

I. — La priorité accordée à la Chambre des députés en matière de finances n'implique aucune idée de prépondérance.

II. — L'époque de la préparation du budget est trop éloignée en France de celle de son exécution.

III. — Les monopoles ne sont pas, par nature, différents des autres impôts.

IV. — L'impôt des douanes, envisagé au point de vue fiscal, est le moins mauvais des impôts de consommation.

V. — La proportionnalité nominale de l'impôt n'est pas toujours l'expression de la proportionnalité du sacrifice.

VI. — Les conversions de fonds d'État sont légitimes, juridiquement et socialement.

Vu :

Le Doyen,

COLMET DE SANTERRE.   Vu :

Le président de la thèse,

EM. ALGLAVE.

Vu et permis d'imprimer :

Le Vice-Recteur de l'Académie de Paris,

GRÉARD.

Imp. G. Saint-Aubin et Thevenot, Saint-Dizier (Haute-Marne), 30, Passage Verdeau, Paris.